現代住宅の「ディテール」

Details of Contemporary Houses

藤本壮介 Sou Fujimoto
武井誠＋鍋島千恵 Makoto Takei + Chie Nabeshima
福島加津也＋冨永祥子 Katsuya Fukushima + Hiroko Tominaga
長谷川豪 Go Hasegawa

彰国社

藤本壮介
Sou Fujimoto

生態系のような成り立ち　藤本壮介	4
House before House　藤本壮介建築設計事務所	6
House N　藤本壮介建築設計事務所	16

武井誠＋鍋島千恵
Makoto Takei + Chie Nabeshima

「厚み」を持った境界　武井誠＋鍋島千恵	26
カタガラスの家　武井誠＋鍋島千恵／TNA	28
方の家　武井誠＋鍋島千恵／TNA	38

[鼎談] 意味の連続性、あるいは「建築の生態系」
　　藤本壮介×武井誠＋鍋島千恵　　　　　　　　48

福島加津也＋冨永祥子
Katsuya Fukushima + Hiroko Tominaga

「もの」の再生　福島加津也＋冨永祥子	56
e-HOUSE　福島加津也＋冨永祥子建築設計事務所	58
柱と床　福島加津也＋冨永祥子建築設計事務所	68

長谷川豪
Go Hasegawa

ディテールが統制を超えるとき　長谷川豪	78
森のなかの住宅　長谷川豪建築設計事務所	80
狛江の住宅　長谷川豪建築設計事務所	90

[鼎談] 形式と「空間の存在感」をめぐって
　　福島加津也＋冨永祥子×長谷川豪　　　　　　100

設計データ　　　　　　　　　　　　　　　　106

藤本壮介 Sou Fujimoto

生態系のような成り立ち

　小さな住宅でも、大きな公共的な建築であっても、都市的な視点による提案から細部のディテールまでが、緩やかに、それでいて緊密に関係し合っていてほしい。それは何か、ある住宅、あるいはその住宅が建つ街というひとつの生態系のようなものをつくり出すことに似ている。森のように、大きな森の全体像と、そこに生えている木々の種類と分布、そして1つひとつの樹の葉の細部、またそこに共存する小さな昆虫たちの振る舞い、それらのものが、とても緩やかだけれどもしっかりと関係し合っているさまを想像してみると、建築や都市の全体と細部のつくり方がイメージできる。そんな生態系のような建築をつくることができれば、それは機械のように建築をつくっていた近代とは違った、現代ならではの建築のつくり方につながっていくのではないだろうか。

　「House before House」（6頁）と「House N」（16頁）という2つの住宅は、形やつくられ方、想定する住人や規模は異なるが、共通する都市／住宅観を持っている。それは、「ぼんやりとした領域の中に住む」というイメージである。「House N」においては、庭も家も囲い込んでしまう穴だらけの大きな箱とその内側に連なる3重の入れ子の構成によって、どこからが街でどこからが家なのか分からないような、どこからが内部でどこからが外部なのか分からないような、ぼんやりとした家の総体が

House before House

つくられている。家というと、1つのしっかりとした塊というイメージがあるが、そうではなくて、住むための快適な領域をざっくりと囲い取り、そのぼんやりとした領域の中に、いわゆる内部の部屋、外部のテラス、外部のような内部のような場所など、いろいろな質の場を取り込んで、内部外部の区別なく快適な住環境をつくり出すことを考えた。

「House before House」の場合には、「House N」のような大きな囲い取りの代わりに、小さな箱と樹木を分散させることで場をつくり出している。それは森の領域のつくられ方に似ている。森には森の内外を分ける壁はなく、なんとなく木々がたくさん生えている領域が森の中である。そんな木々のように、この小さな白い箱と樹木が密度を変えて分布し、単なる内部空間だけではない、囲まれた外部、上に開けた外部、守られた外部が、さまざまな上下動線を伴って、立体的で緩やかな住環境をつくり出す。内部外部を包み込んだゆったりとした領域をつくり出すという点、それをそれぞれに違った方法で実現しているという点において、この2つのプロジェクトは兄弟のような存在である。

　このような「緩やかな森」としての建築のディテールは、どのようなものであるべきか。そこに厳密なロジックを見出すのは難しい。森の中の植物、生物がある種の乱雑な秩序を持っているように、そして生物の進化が決して決定論的ではなく、偶然による多様性を軸としているように、ここに僕たちはある種のブレをつくり出していた気がする。「House N」における木製サッシュの扱い、下駄箱のつくり、また「House before House」におけるガラスとヴォリュームのずれ、排水口の形状などは、必然と偶然の間を行き来している。進化論的なロジック／非ロジックが、これらの方法を理論づけすることができるかもしれない。ただ一点、自分たちの中で意識していたことは、建築とは、そして森とは、成り立ちであり、それは完璧な成り立ちというよりも個々の成り立ちのずれを伴った集積であり、つまり厳密な目標を持った成り立ちというよりも、そのものがそのものであることによってかすかに根拠づけられる成り立ちだという点である。

藤本壮介

House N

House before House

藤本壮介建築設計事務所

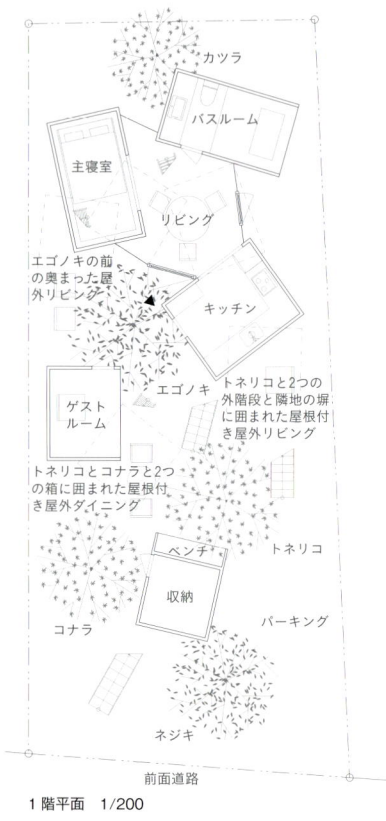
1階平面 1/200

2階

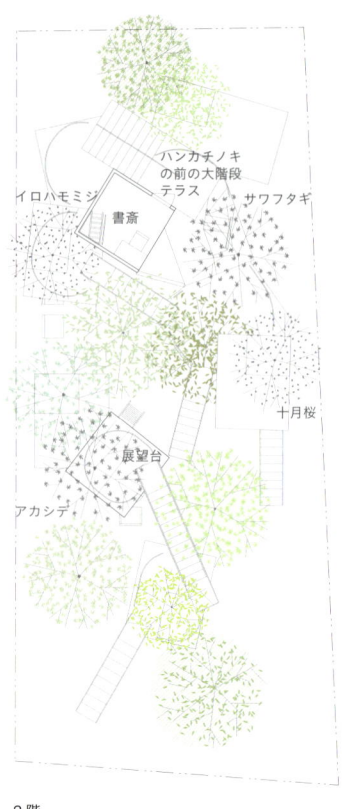
3階

立面 1/200

配置 1/1500

　1辺が2〜2.5mの箱に樹木が植えられ、その樹木つきの箱10個を立体的に積み上げてできている。

　それぞれの箱は、100×100×7mmのLアングルでフレームを組み、50×6mmのフラットバーのリブを立てて、3.2mmの鉄板を溶接して外壁としている。これらの箱は、工場であらかじめ組み立てられた後、トレーラーで現場に運ばれ、文字通り箱を積み上げて溶接する、という建設方法をとった。

　防水は止水溶接ではなく、全周隅肉溶接した後、塗膜防水で箱全体を包み、防水している。

　縦横無尽に張り巡らされた外部の階段は、階段の機能だけではなく、構造としても機能している。大きく外に張り出された箱も、階段によって支えられている。リビングの鉄骨のはしごまでも構造体としての役割を担っている。自由に積み上げられた箱と階段は、緻密な構造的な一貫性を備えているのである。

　スチールのサッシュ、手すり、ドアも、箱や階段と同様に、工場であらかじめ製作し、現場で溶接して取りつけることにより、施工精度を上げ、工期も短縮することができた。

　樹木は半年以上の時間をかけて、徐々に選んでいった。樹木という自然物の持つ圧倒的な多様性に打ちのめされながらも、樹形の違い、葉の色の違い、紅葉の色・時期、そして、花や果実の有無やその色が異なる樹木を配置している。

　樹木は本来ノンスケールなものだが、ここでは箱と樹木のスケールを合わせることで、建築と樹木が互いに依存しているような関係をつくり出した。

藤本壮介

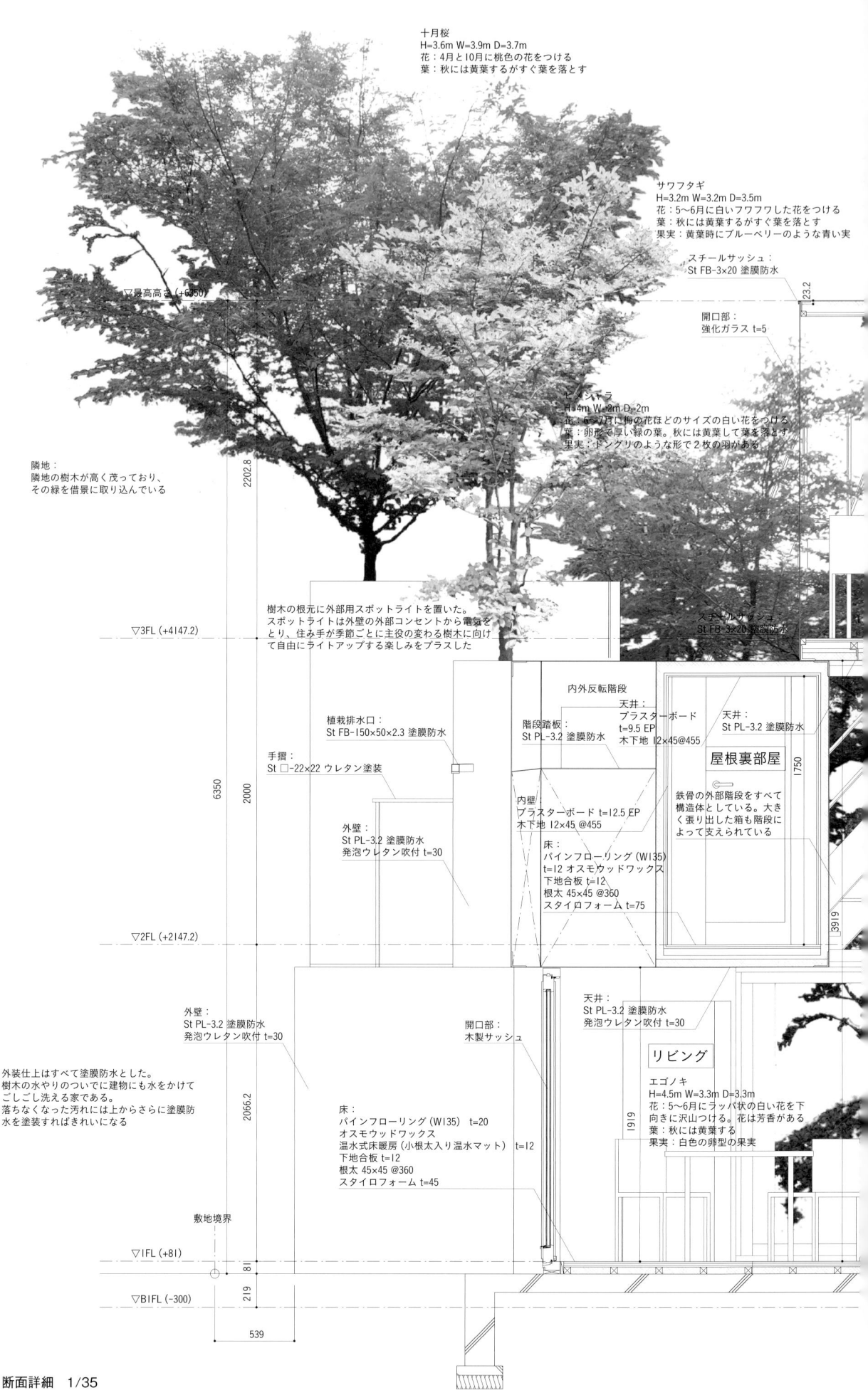

断面詳細　1/35

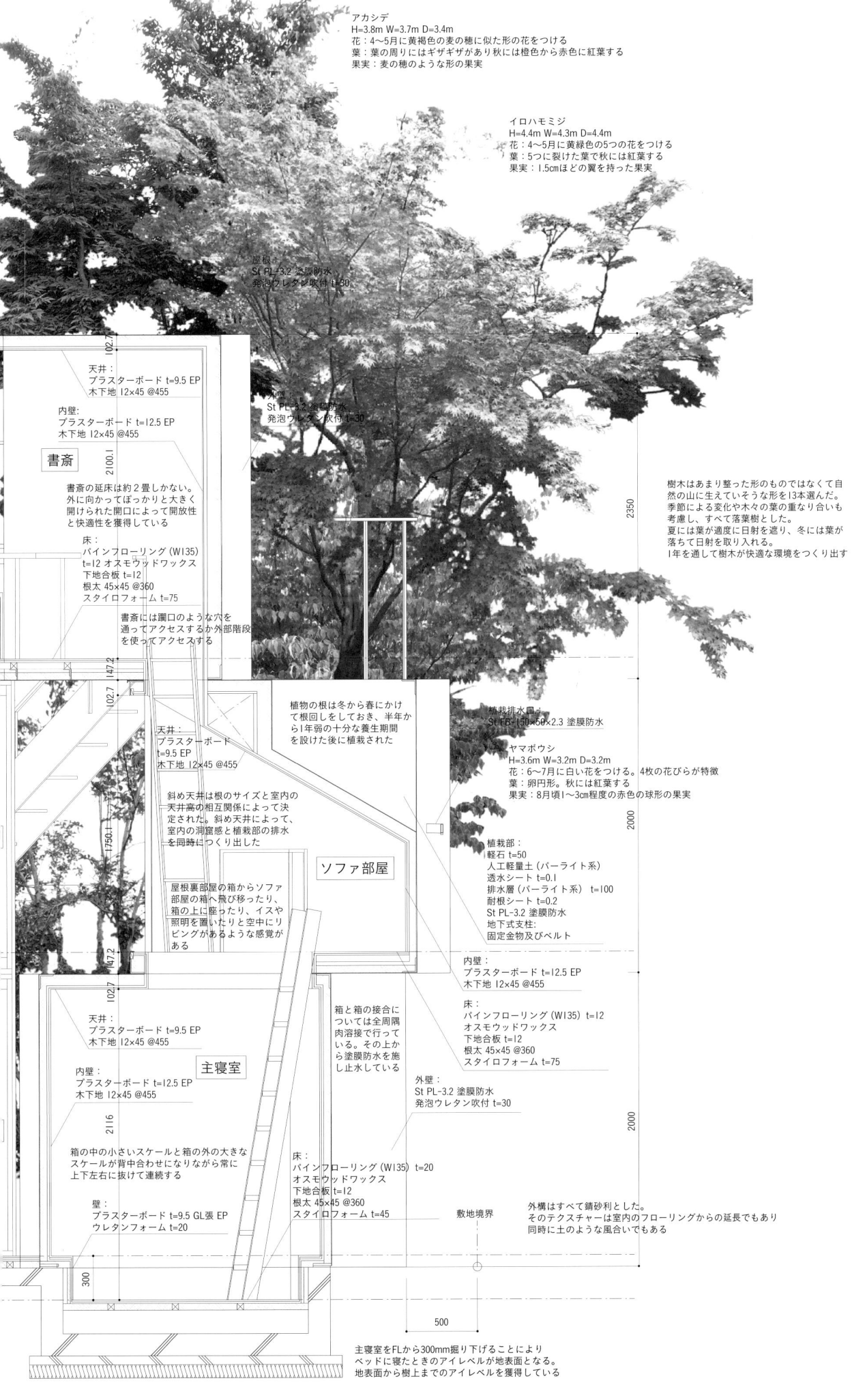

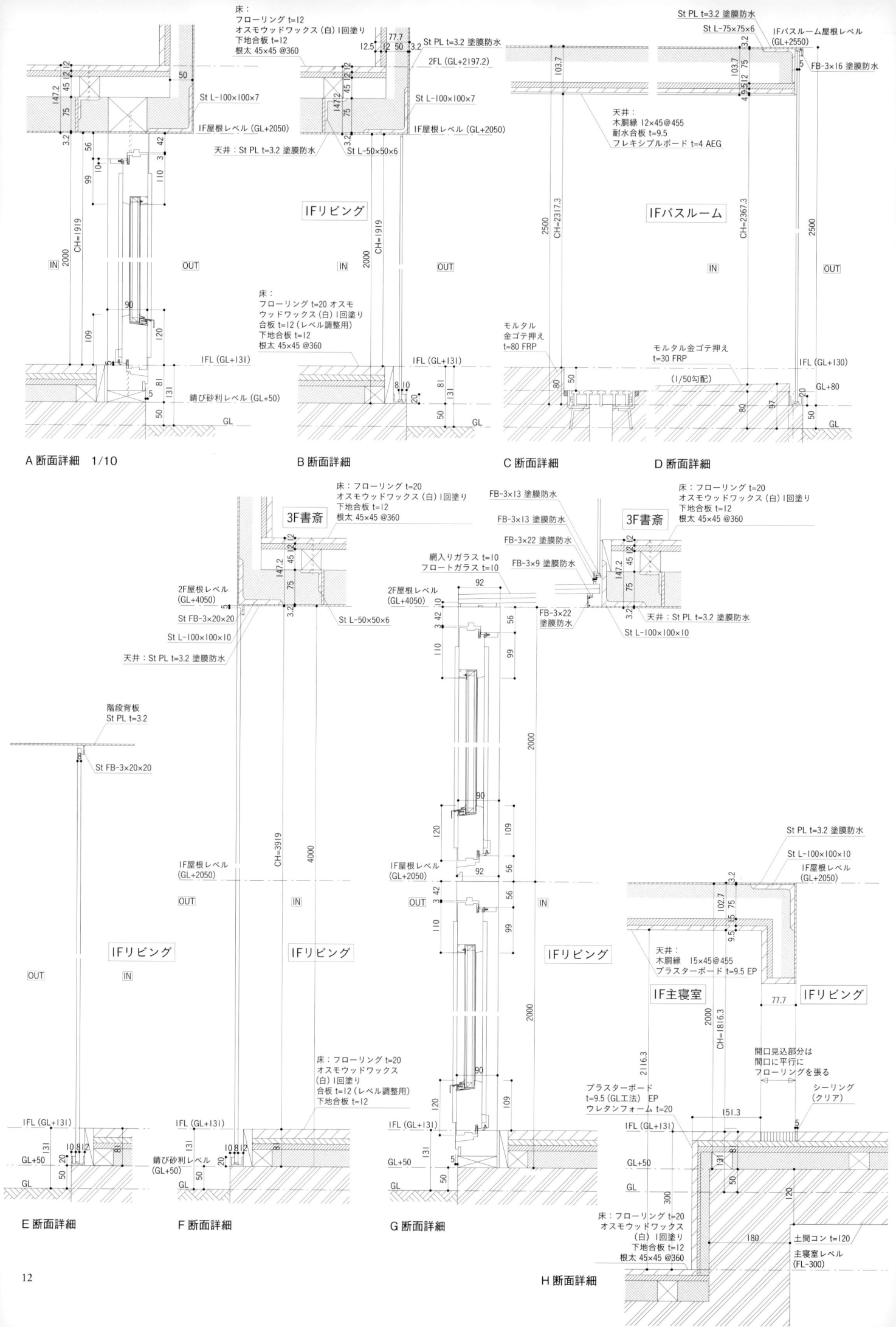

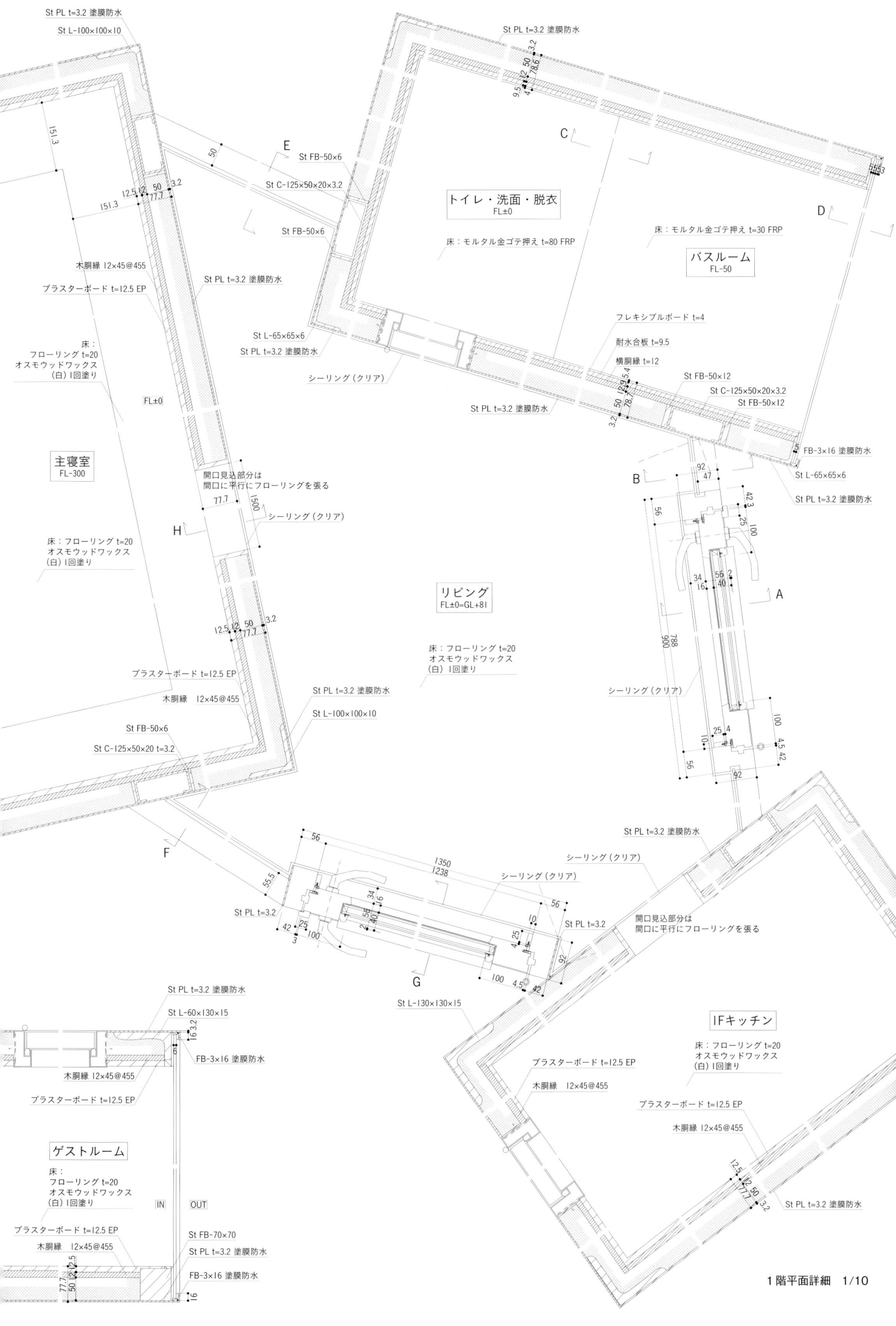

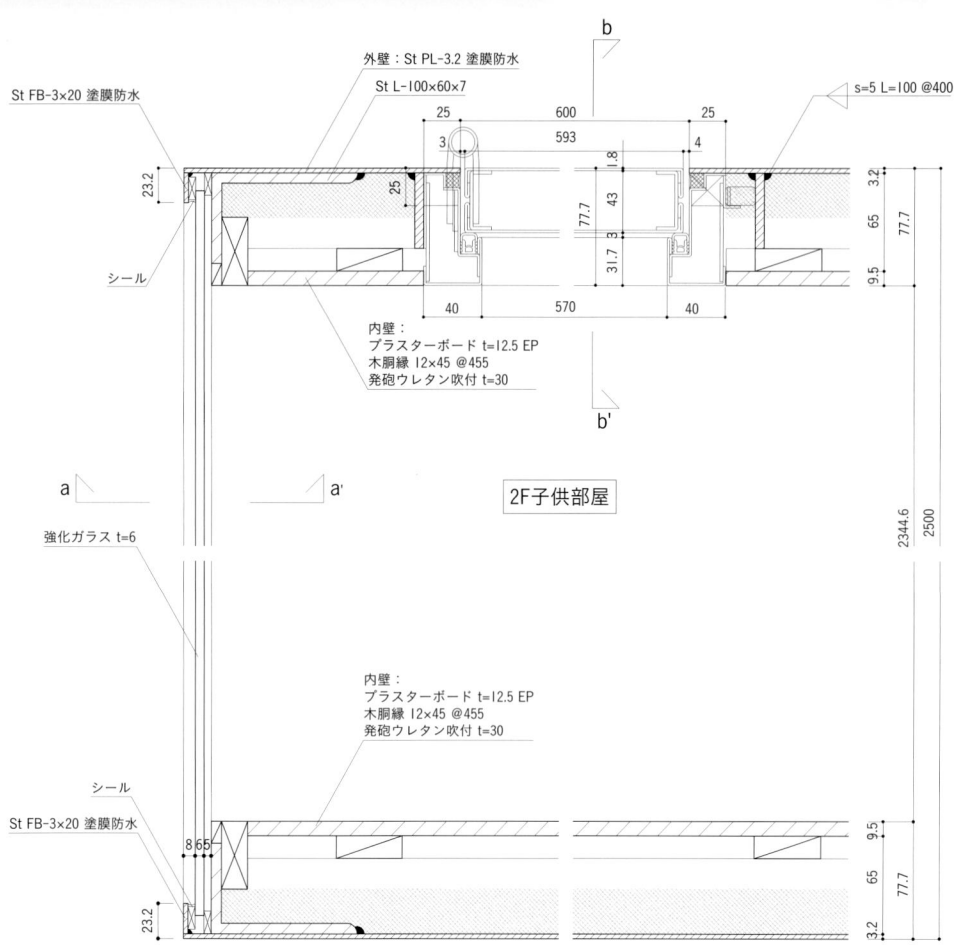

2階（子供部屋）平面詳細　1/5

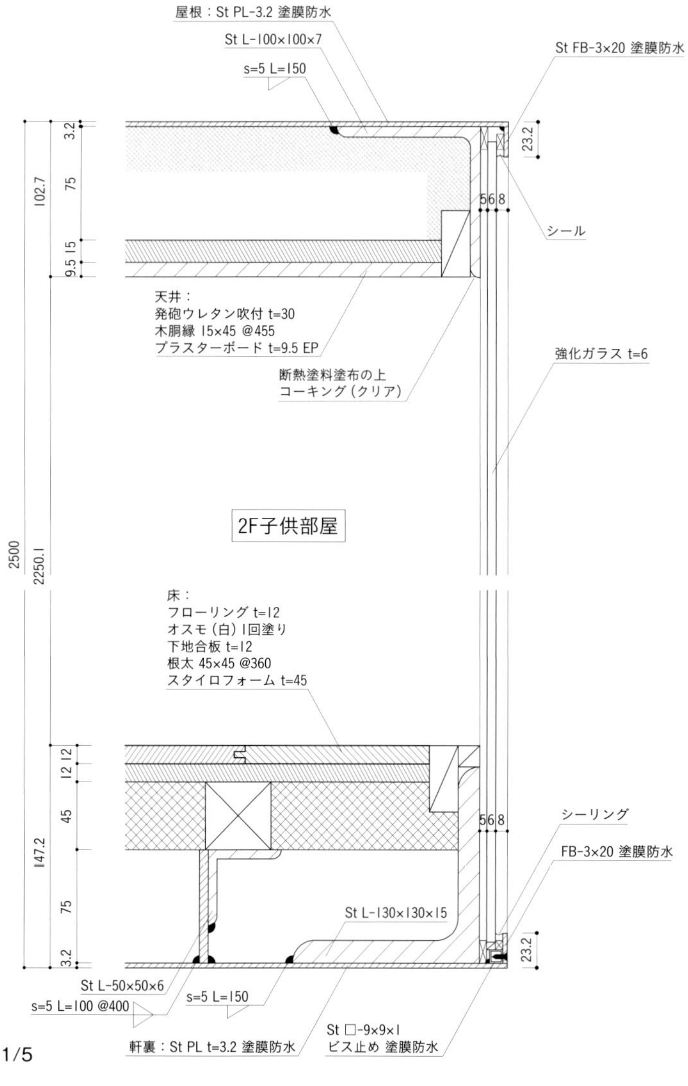

a-a' 断面詳細　1/5

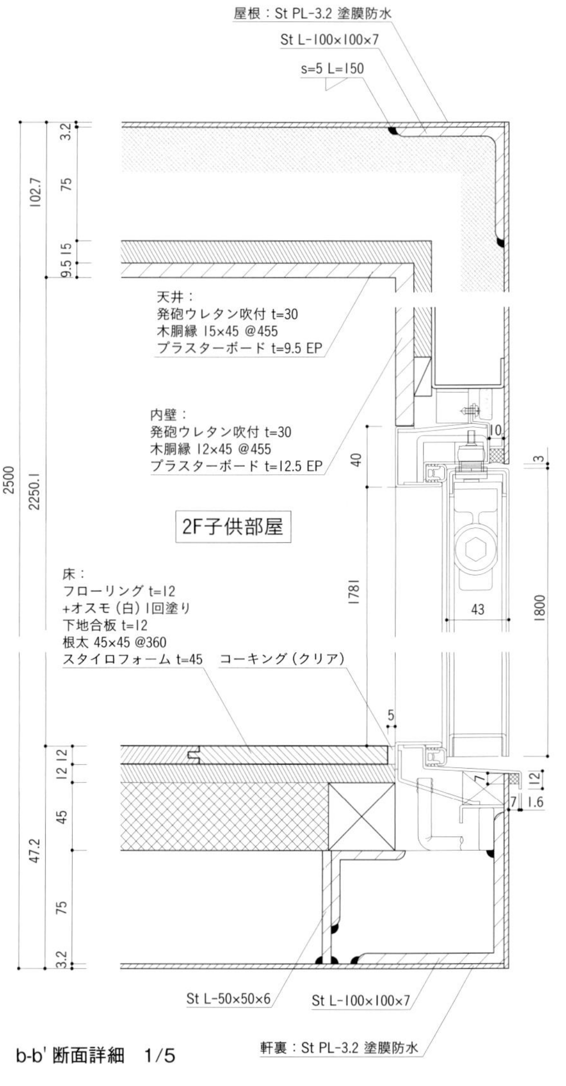

b-b' 断面詳細　1/5

箱と箱の接合部断面詳細　1/5

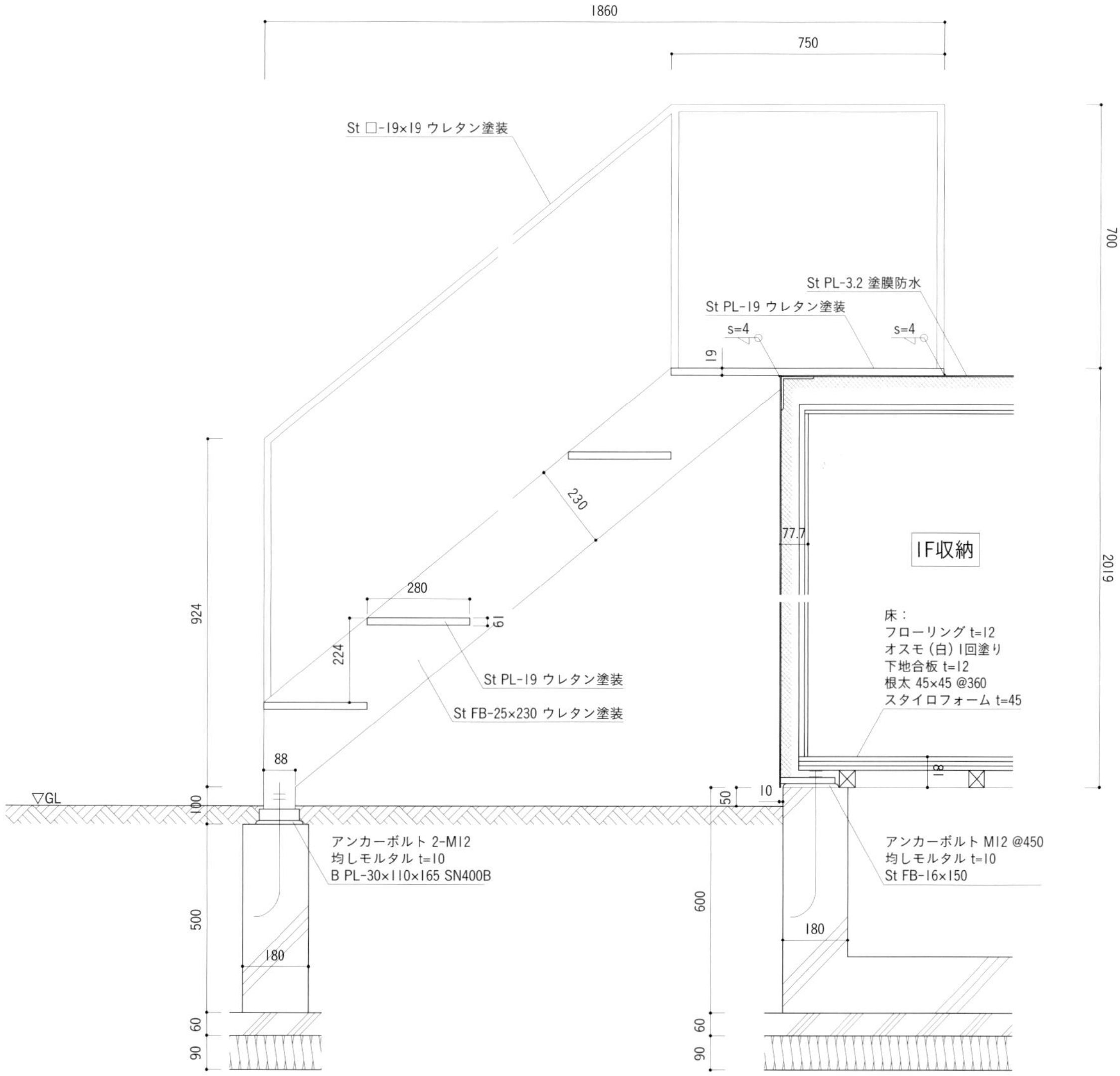

箱と階段の接合部断面詳細　1/20

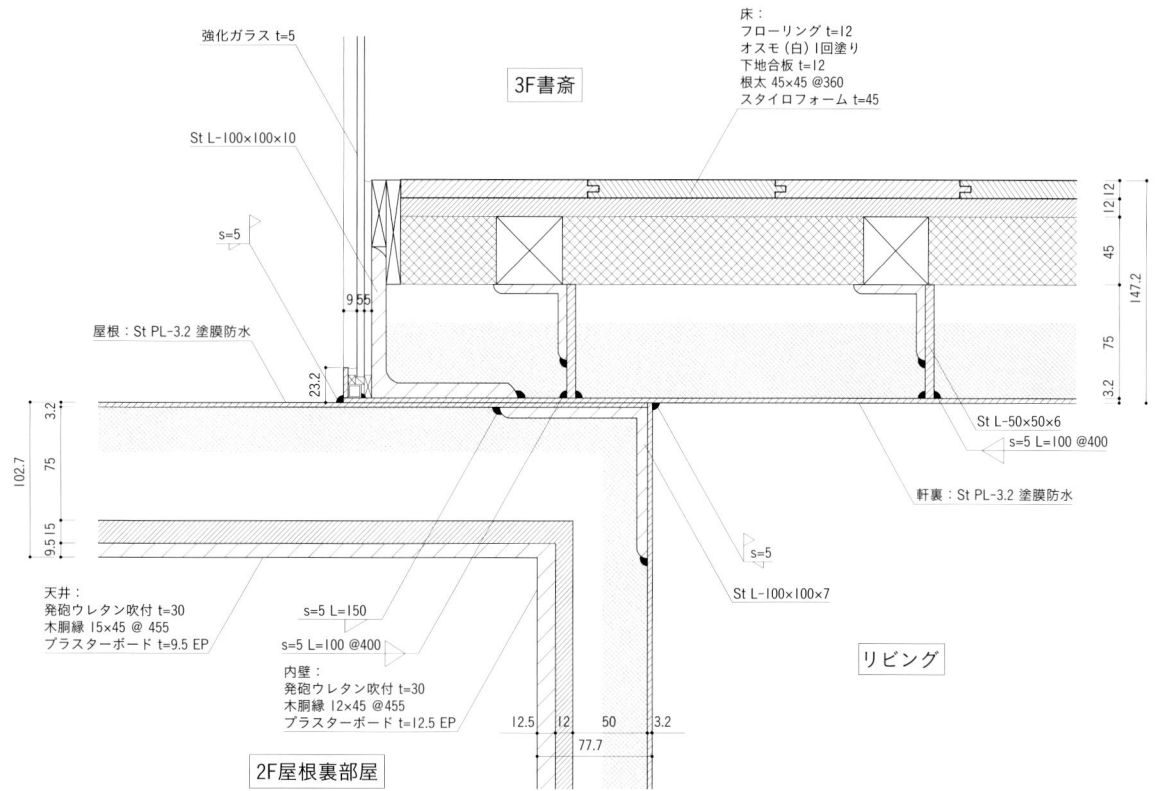

House N

藤本壮介建築設計事務所

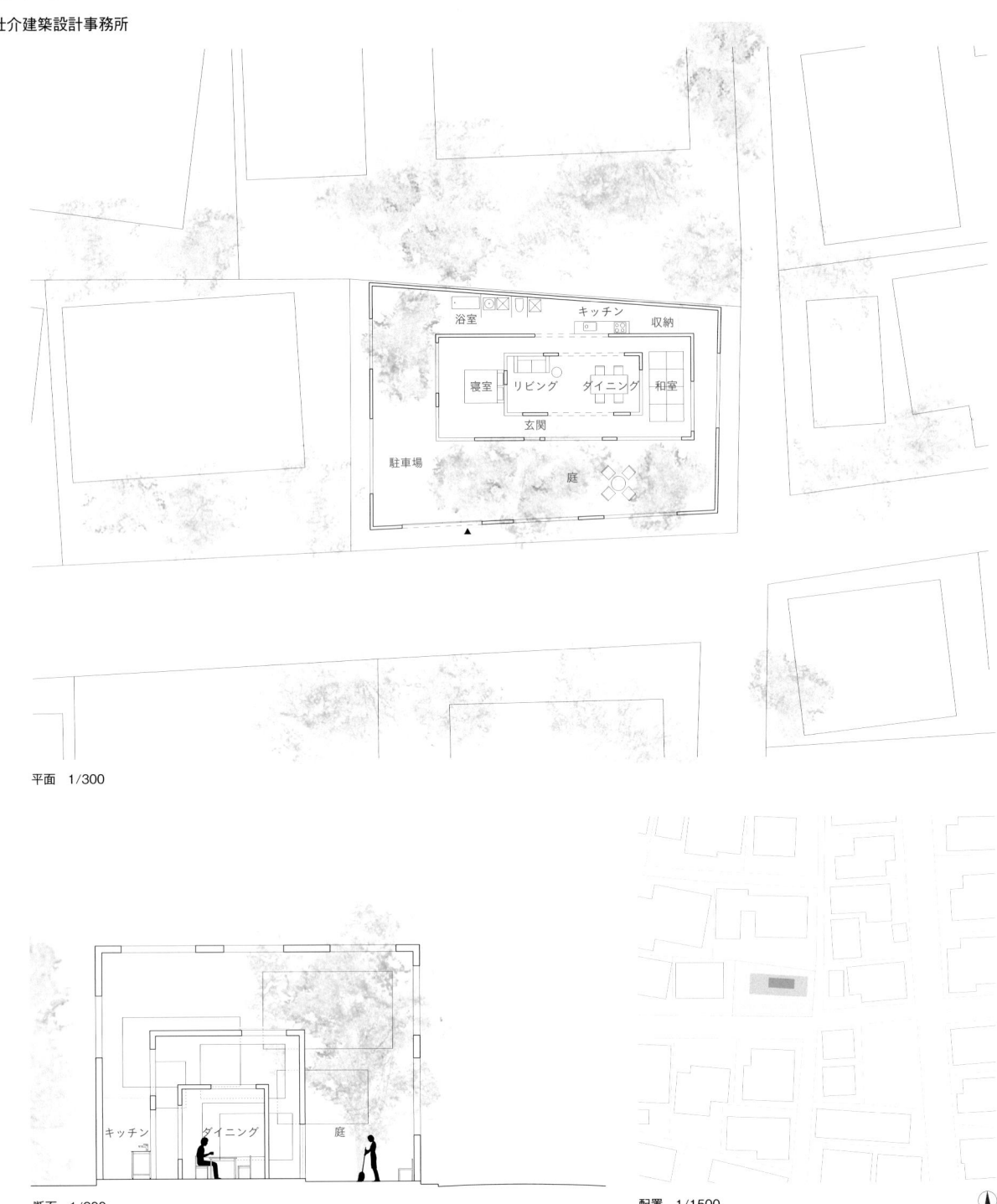

平面 1/300

断面 1/200

配置 1/1500

　家全体が3重の入れ子によってできている。一番外側の殻は敷地全体を覆っており、半ば室内のような覆われた庭をつくり出す。二番目の殻はその囲まれた外部空間の中にさらに限定された場所を囲い取る。三番目の殻は、さらに小さな場所をつくり出す。

　屋根のみ軽量コンクリートを使いわずかな起りをつけることで、屋根の変形に対して構造的な解決をしつつ、抽象的な殻をつくり出している。

　外壁は、アクリルリシン吹き付けで凹凸のある仕上げとし、穴の小口のみペイントのスムーズな仕上げとしている。壁から穴をくりぬいたようなつくりとした。穴は、テラスに出られる木製サッシュと玄関を除いてすべてFIX窓とした。眺望への配慮からではあるが、通風は確保しなくてはならないので、木製サッシュをはめている。ある空間があって、それを木製サッシュやガラスが囲うというよりも、空間自体と、木製サッシュやガラスなどが、同じ成り立ちであるような状態を目指した。

　トップライトについても、屋根から穴をくりぬいたようなつくりとするために、ガラスは、開口よりも大きくとり、サッシュの立ち上がりを意識させないディテールとした。

　自由にあけられた穴だらけの入れ子の殻は、緻密なディテールの集積により、どこからが内部で、どこからが外部なのかよく分からない状態をつくり出した。そしてそれは、半ば都市であり、半ば住宅であるような、ぼんやりとした領域の「住むための場所」をつくり出している。

藤本壮介

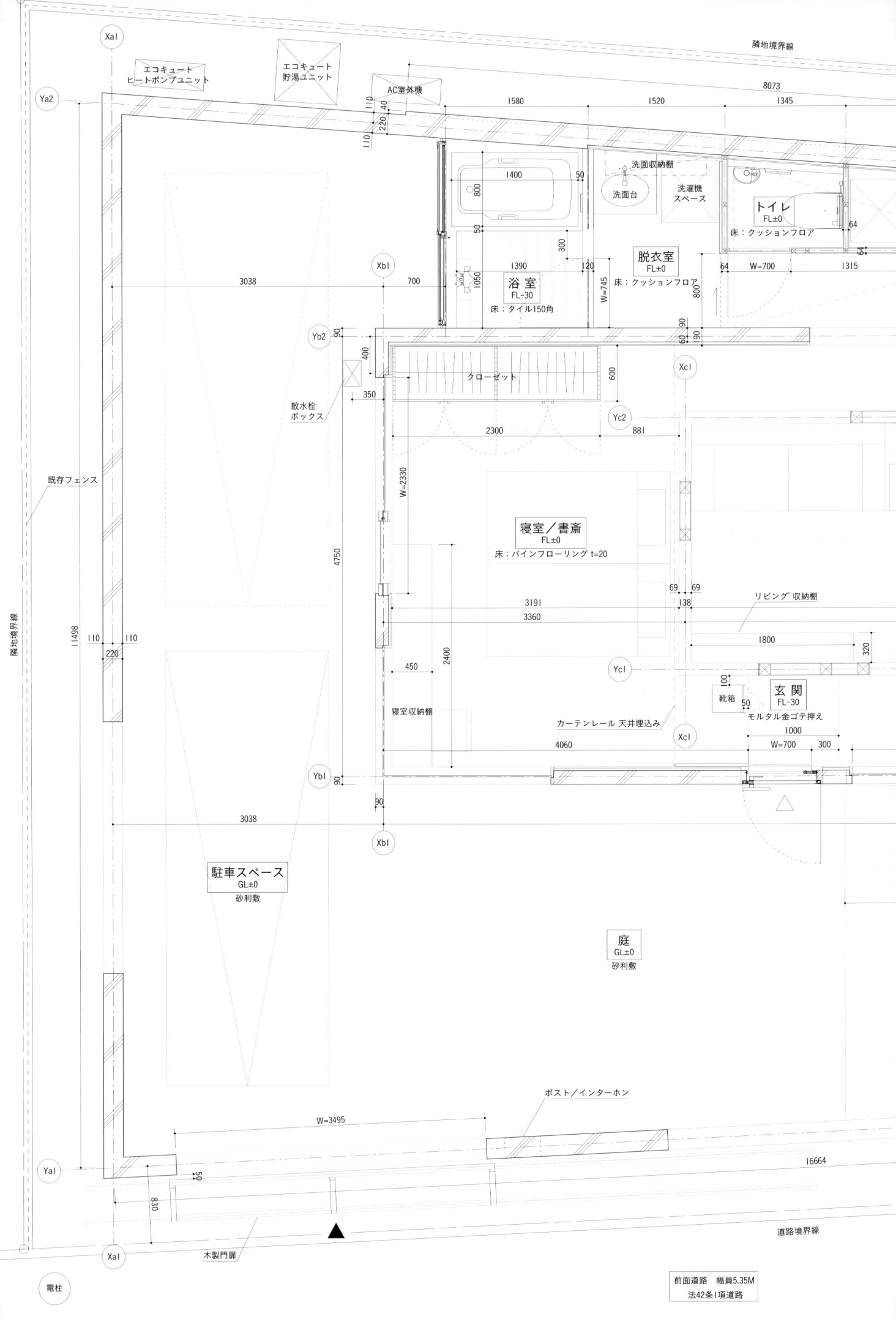

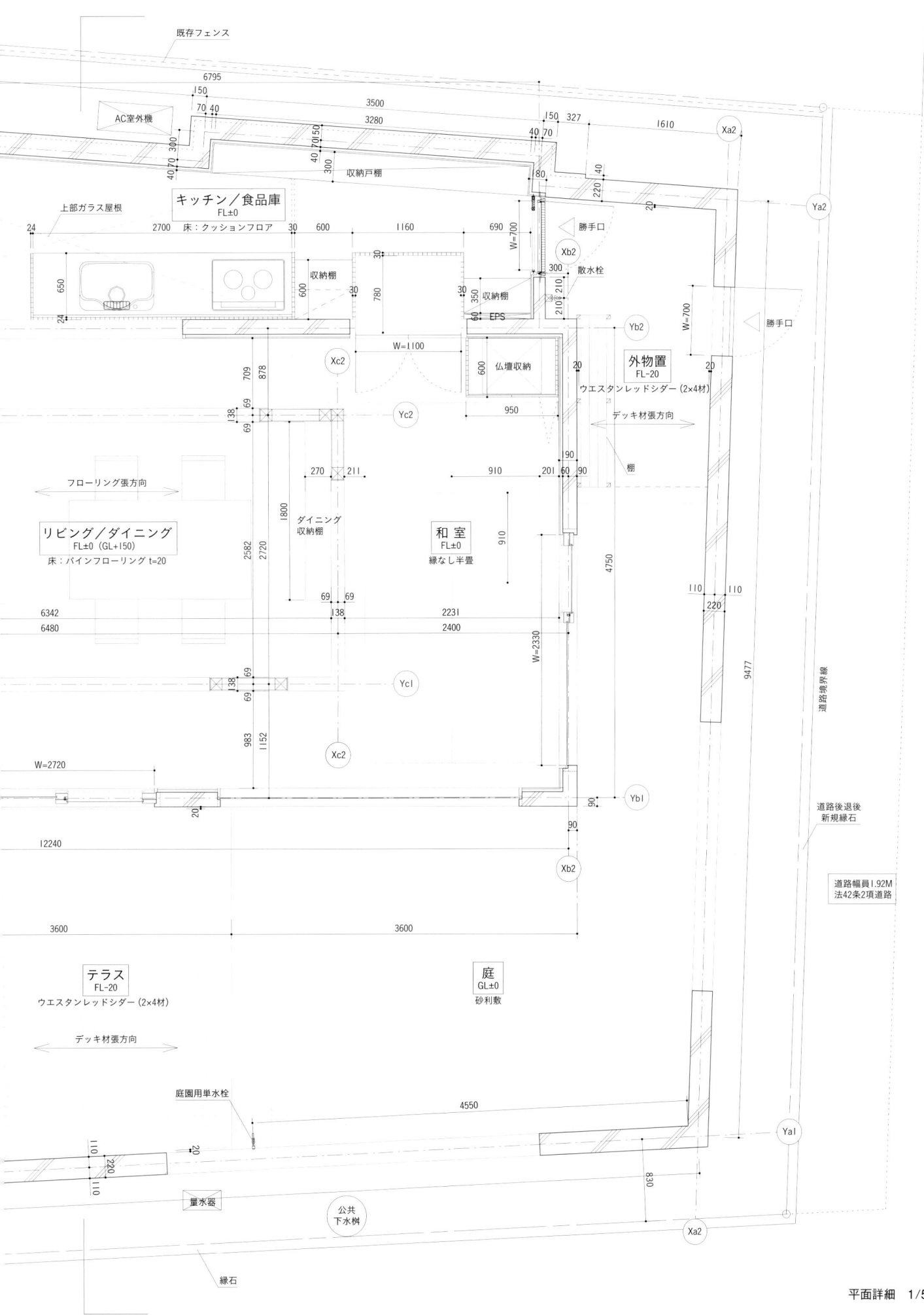

平面詳細 1/50

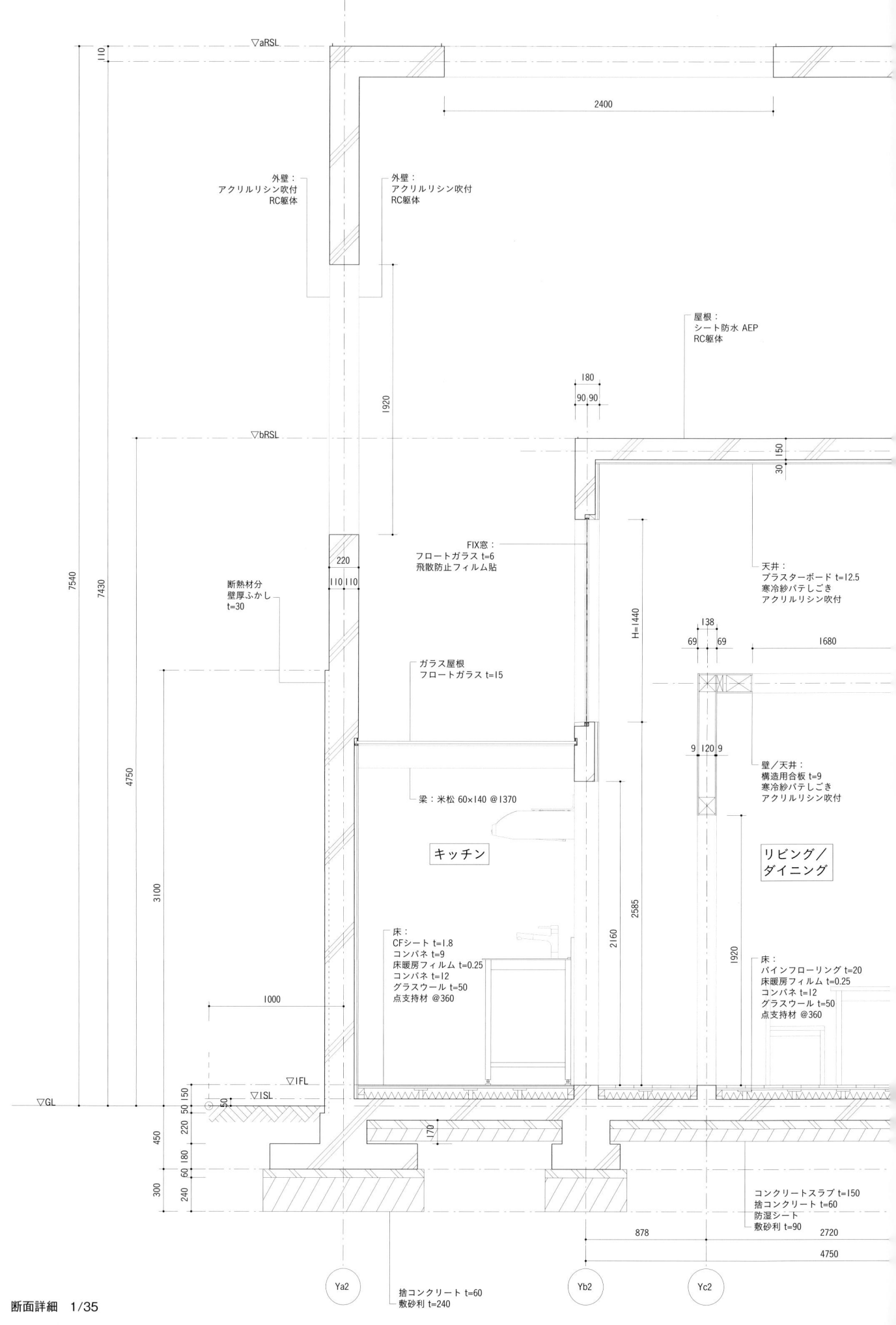

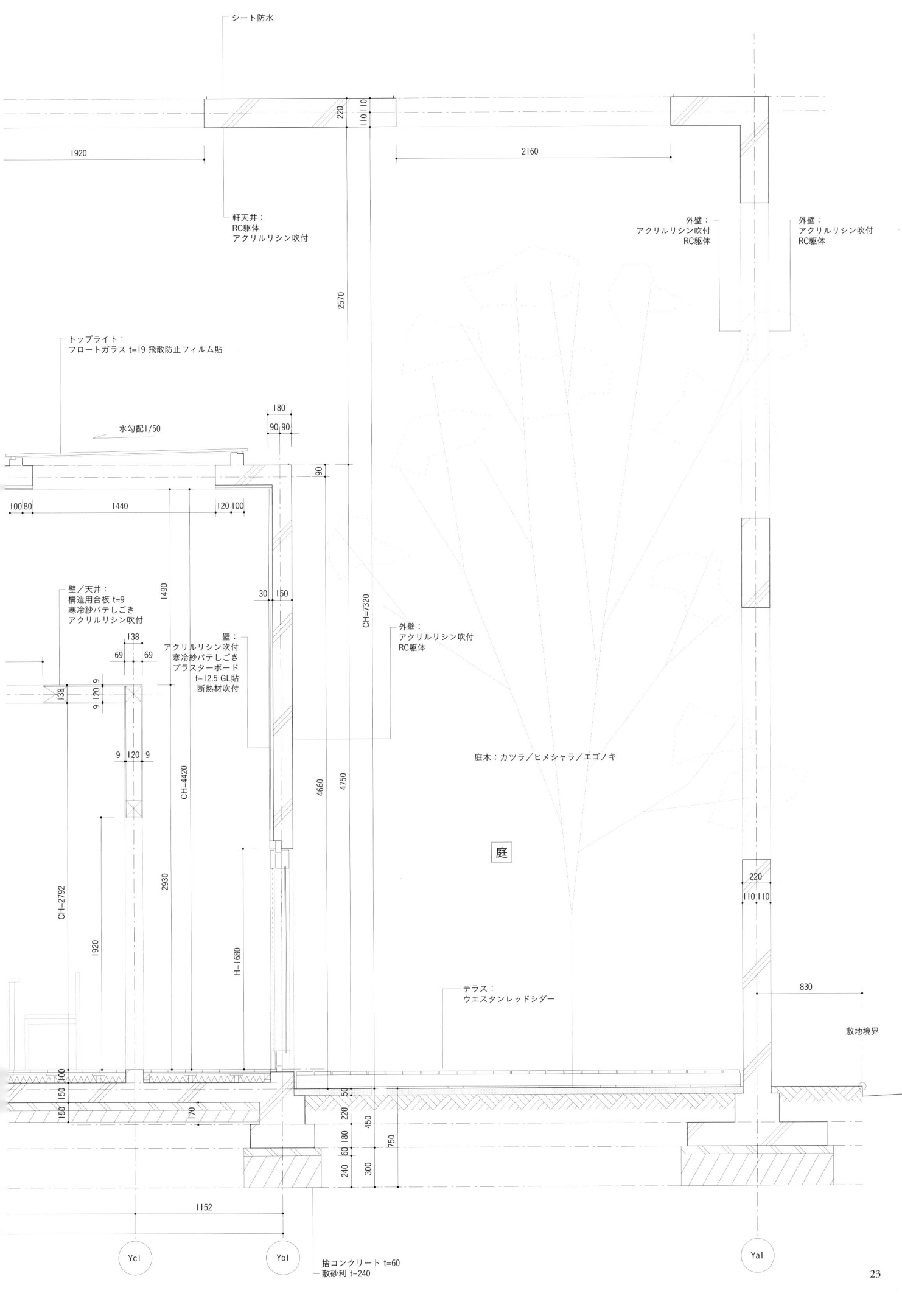

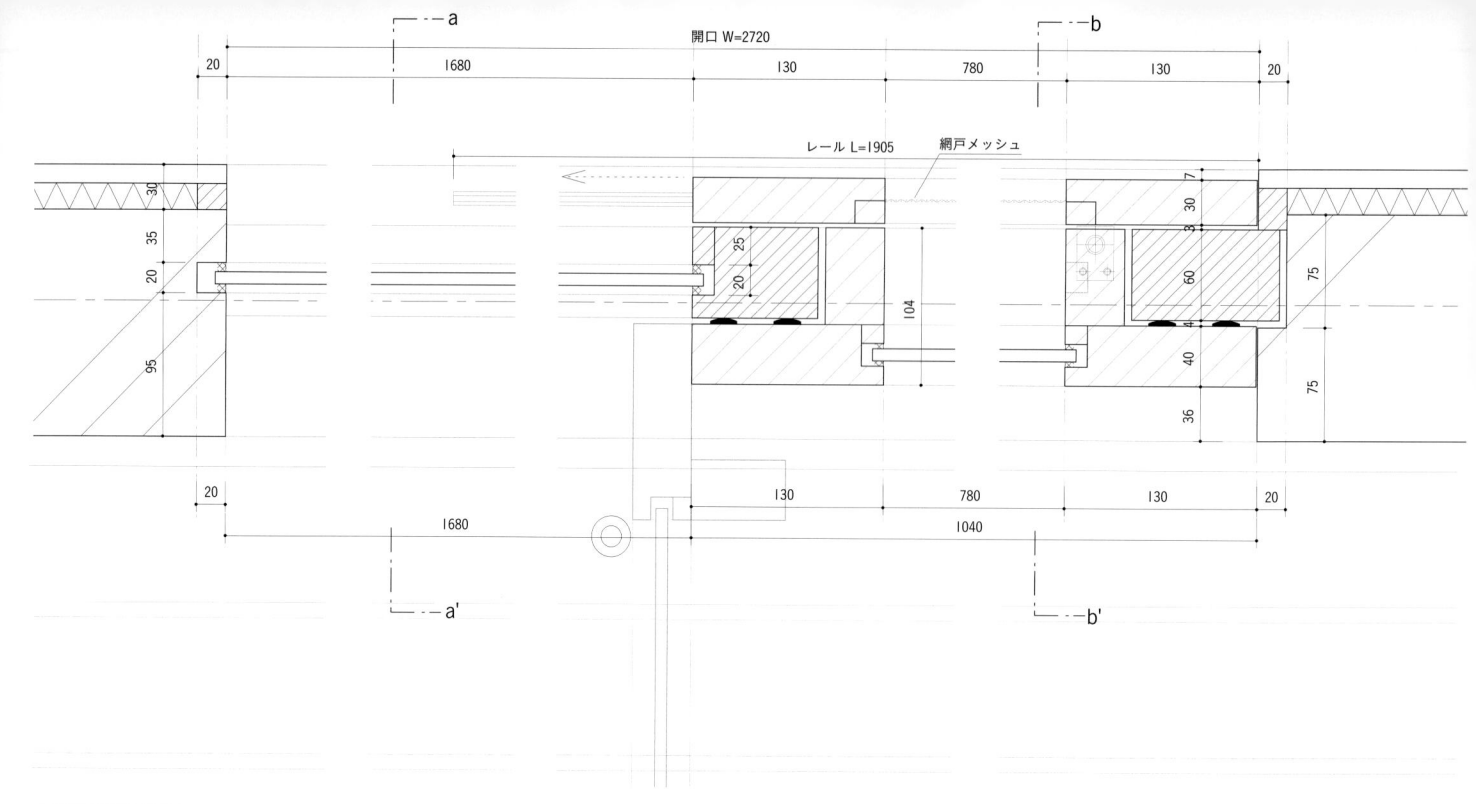

木製建具平面詳細 1/5

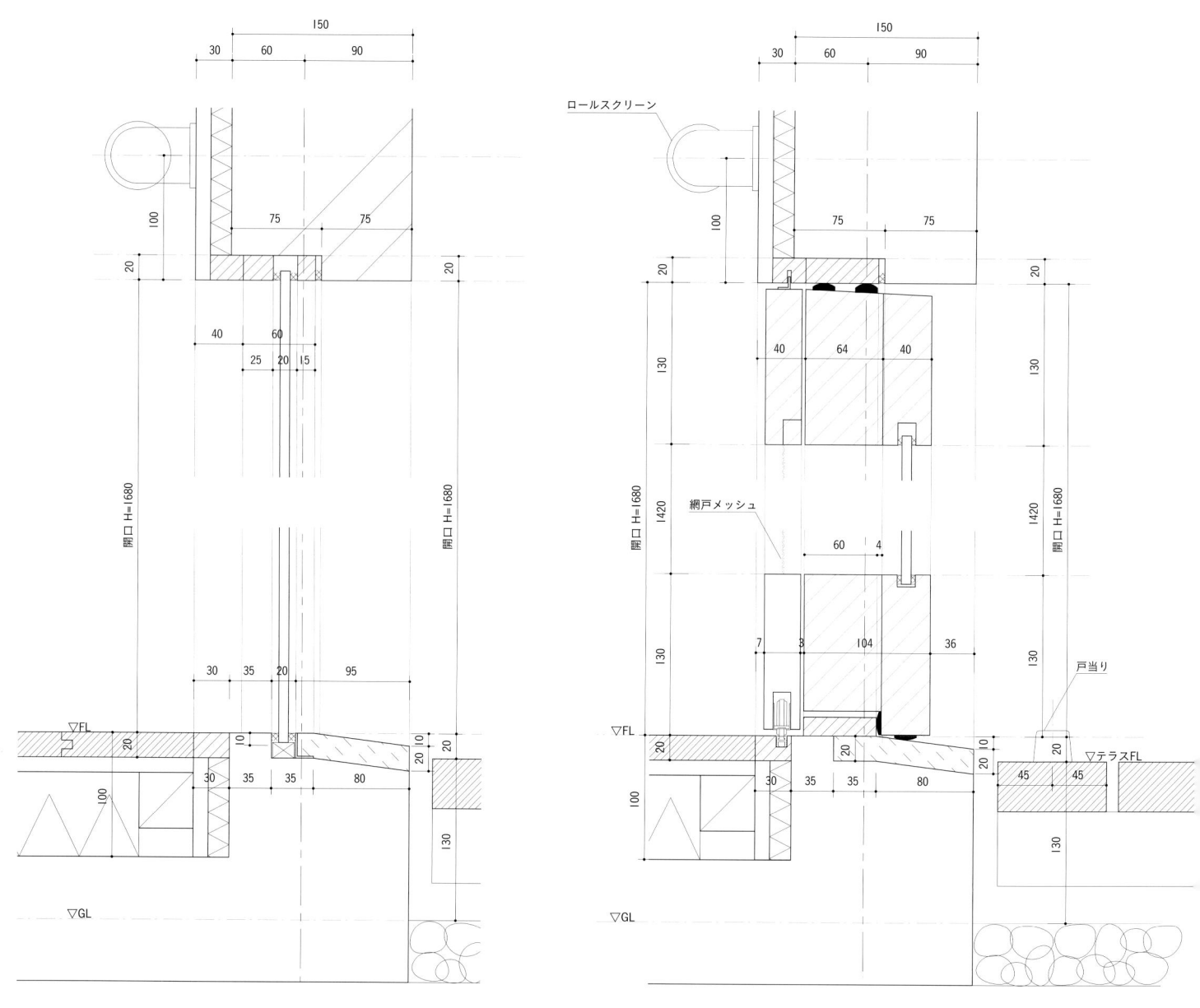

a-a' 断面詳細 1/5

b-b' 断面詳細 1/5

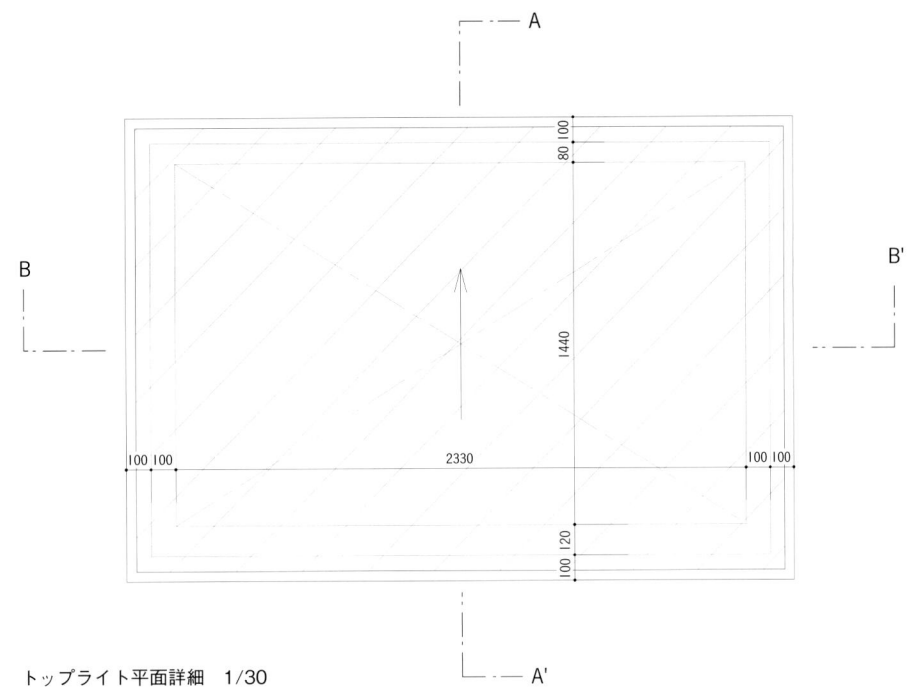

トップライト平面詳細 1/30

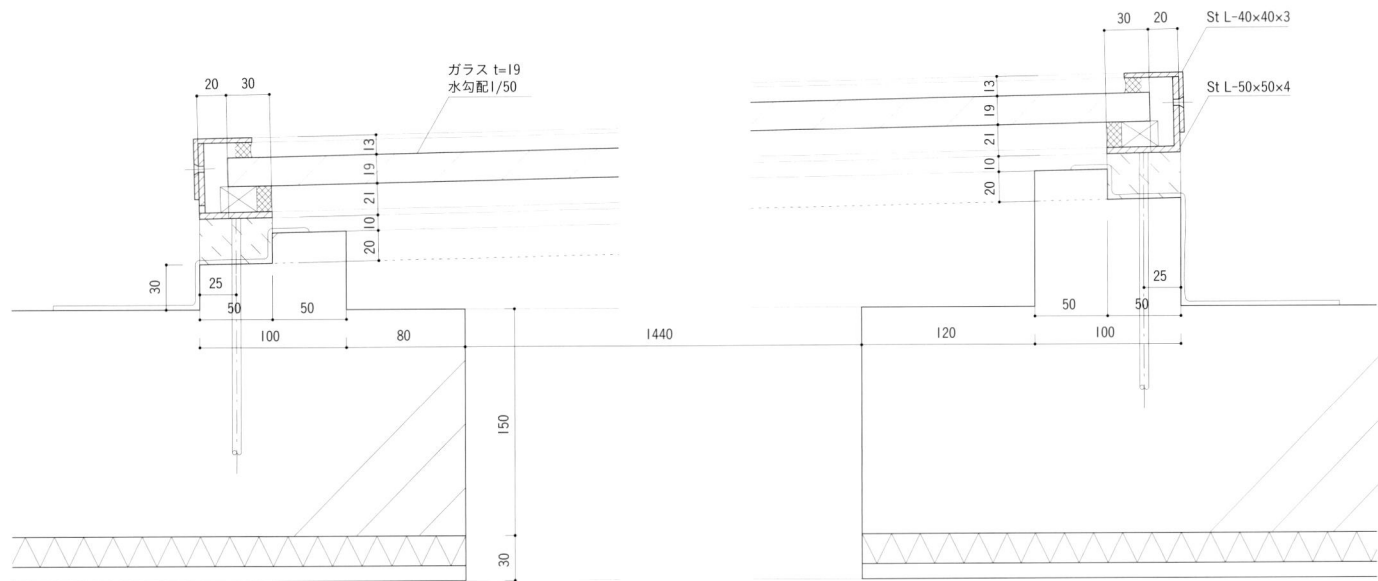

A-A' 断面詳細 1/5

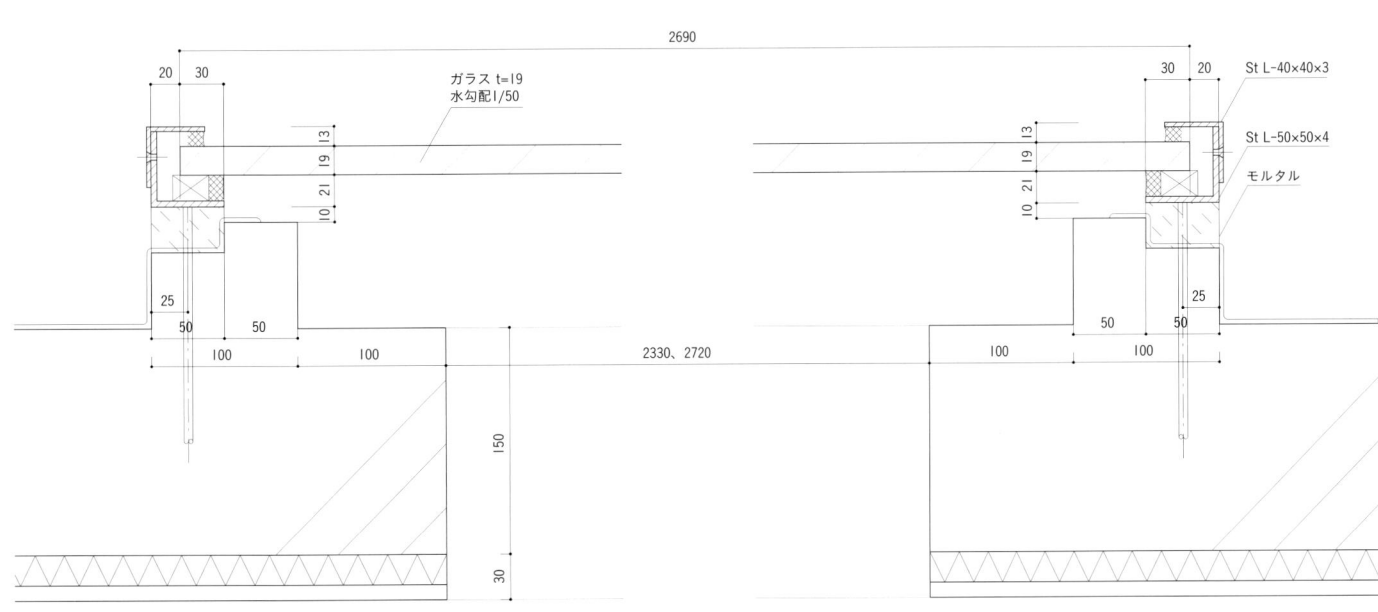

B-B' 断面詳細 1/5

武井誠 + 鍋島千恵
Makoto Takei + Chie Nabeshima

「厚み」を持った境界

　敷地に、建築に、部屋に……建築を取り巻く環境にはウチとソトがある。自分からすると、こちら側と向こう側といってもいい。そこには何かしらの境界が存在している。その境界面の現れ方というか、ありように、以前からずっと興味があった。都心部と山間部という、敷地境界の存在意義の正反対な敷地において、建物のさまざまな水準でこちら側と向こう側との距離感を操作することで、その境界の意味をもう一度整理してみたいと思った。

　都市部の建物の密集した旗竿状敷地も、山間部の大自然に囲まれた斜面も、いってみれば圧倒的な環境に支配され、それに逆らうことができない。

　だとすれば、その周辺環境に身を任せるというか、その環境の微細な変化をありのまま心地よく享受しながら過ごすことのできる境界面がつくれないだろうか。そして、その関係性を建築のどの場所にいても同じように感じることができないだろうか。つまり、そういう「間」の取り方にとても興味がある。

カタガラスの家　ダイアグラム

たとえば、「カタガラスの家」(28頁)では外周の外壁に、型板ガラスと乳白のポリカーボネートで空気層を挟んだものをカーテンウォールとして使用することで、外壁としての機能を担保しつつ、隣家との隙間に落ちてくる光の刻一刻と変化するグラデーションを、どこにいても快適に楽しむことができる。「方の家」(38頁)では窓を360度ガラス張りにし、大きな庇を出すことで、森の中に放り出されてしまったかのような、それでいて心地よい居場所をつくり出している。どちらの住宅の外壁も、周辺環境の差異を丁寧に拾い上げて、ウチとソトとの豊かな境界をつくり出している。

また、部屋と部屋との境界について考えてみる。「カタガラスの家」の室内の厚さ18cmの風車状のコンクリート壁に開けられた開口は、見る方向によって、移動する方向によって性質が変わる。たとえば、ダイニングとリビングの境にある開口は、ダイニングからはリビングへの窓となり、リビングからはダイニングへの出入り口となっている。この窓と出入り口の関係は、ほかの隣り合う部屋同士でも同じであり、この両義性を持った境界は、建物の構造であり、階段室でもある。「方の家」の75mmの柱は、デイベッド、ダイニングテーブル、キッチンカウンター、浴槽といった、家具や什器をなぞるように配置し、領域の性格によって疎密がつけられている。そうすることで、柱列は人間やペットが通過することのできる開口であり、空気や音、光や匂いといった不可視な物質のみが通過する間仕切りであり、見る角度によっては壁にもなる。どちらの住宅の間仕切りも、さまざまな水準の当たり前の建築要素が織り込まれた、「厚み」を持った境界になっている。私たちは住宅を、そして建築を発想する過程において、あらゆる「もの」と「もの」との接点、その境界面にさまざまな構成要素を凝縮させながら、繊細な「隣り合い」の状況をつくり出せないかと考えている。

武井誠＋鍋島千恵

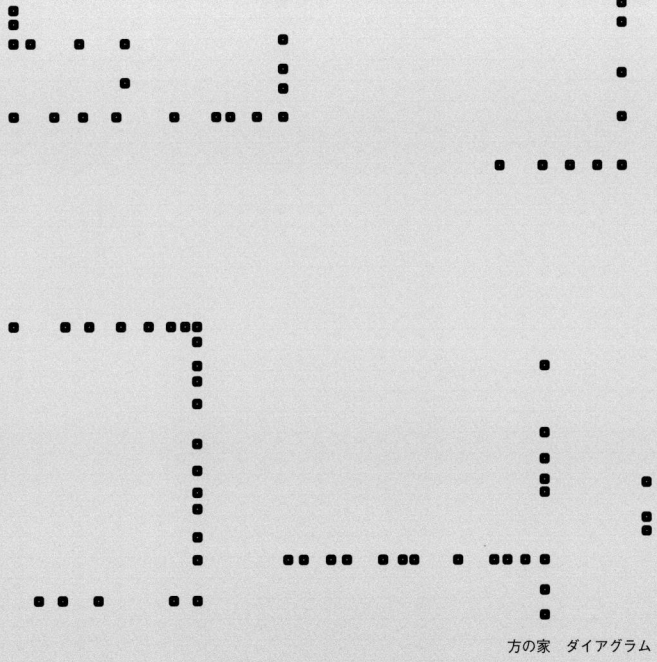

方の家 ダイアグラム

カタガラスの家

武井誠＋鍋島千恵／TNA

　東京の都心に建つ事務所併用住宅である。典型的な旗竿状の敷地の周囲は、建物が隣地境界まで迫って建っている。そんな密集地の谷間にアトリエと住居を併せ持つ建物の計画をすることになった。アトリエには、駐車スペース、ミーティングスペース、作業スペース、視聴覚室、バックヤード、書庫、住居には主寝室、子供室、キッチン、ダイニング、リビング、和室、トイレ・浴室、テラスの合わせて14のスペースを必要とした。アトリエと住居を明確に分けず、街から建物の奥に行くにつれて、パブリックからプライベートへ緩やかに変化してゆき、それでいてそれぞれの部屋の特徴が浮かび上がるような建築を考えた。3階建ての建物を想定してみる。敷地の旗部分に2枚の壁を十字に立てると、1層につき4つの領域ができ上がるが、対角線上の部屋に行くには、隣の部屋を介さなければたどり着けない。そこで、4枚の壁を風車状に配置し、中心部に踊り場のないらせん階段を設けた。そうすることで、すべての部屋が階段室を挟んで隣の部屋になる。14のスペースはその部屋の性格に応じて天井高を変え、らせん状に積み重ねられ、隣り合っている。壁の開口部は、見る方向によって穿(うが)たれた窓でもあり、床からの開口部のようでもある。この建物は、ワンルームを緩やかに仕切って部屋をつくっているのではない。段差が部屋を分けながらつなげていき、風車状の壁が部屋を分けながらつなげていく関係である。4枚の風車状の壁、そして断面を分割する床、それを一気につなぐ階段という構成は、必要最小限の厚みを持つ骨格として、また室内の境界の仕上げとして現れている。

武井誠＋鍋島千恵

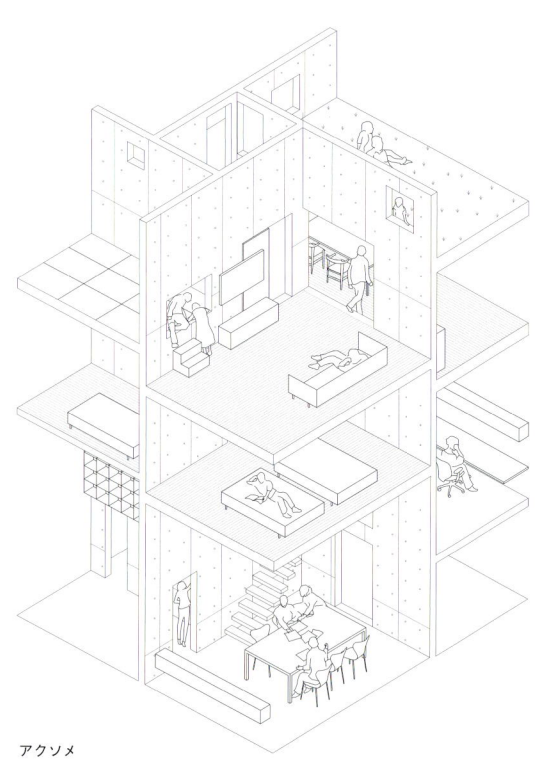

アクソメ

14
13
10
9
11
12
7
8
5
6
4
1
3
2

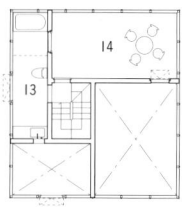

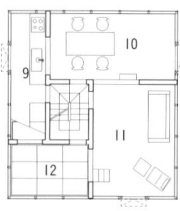

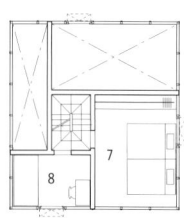

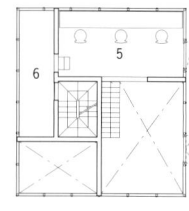

1：駐車スペース　+30
2：ミーティングスペース　+70
3：視聴覚室　+70
4：バックヤード　+70
5：作業スペース　+2350
6：収納書庫　+2930
7：寝室　+4470
8：子供室　+4910
9：キッチン　+6010
10：ダイニング　+6450
11：リビング　+6890
12：和室　+7770
13：浴室　+8620
14：中庭　+9090

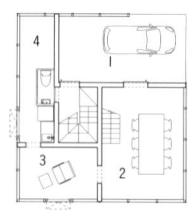

平面　1/300

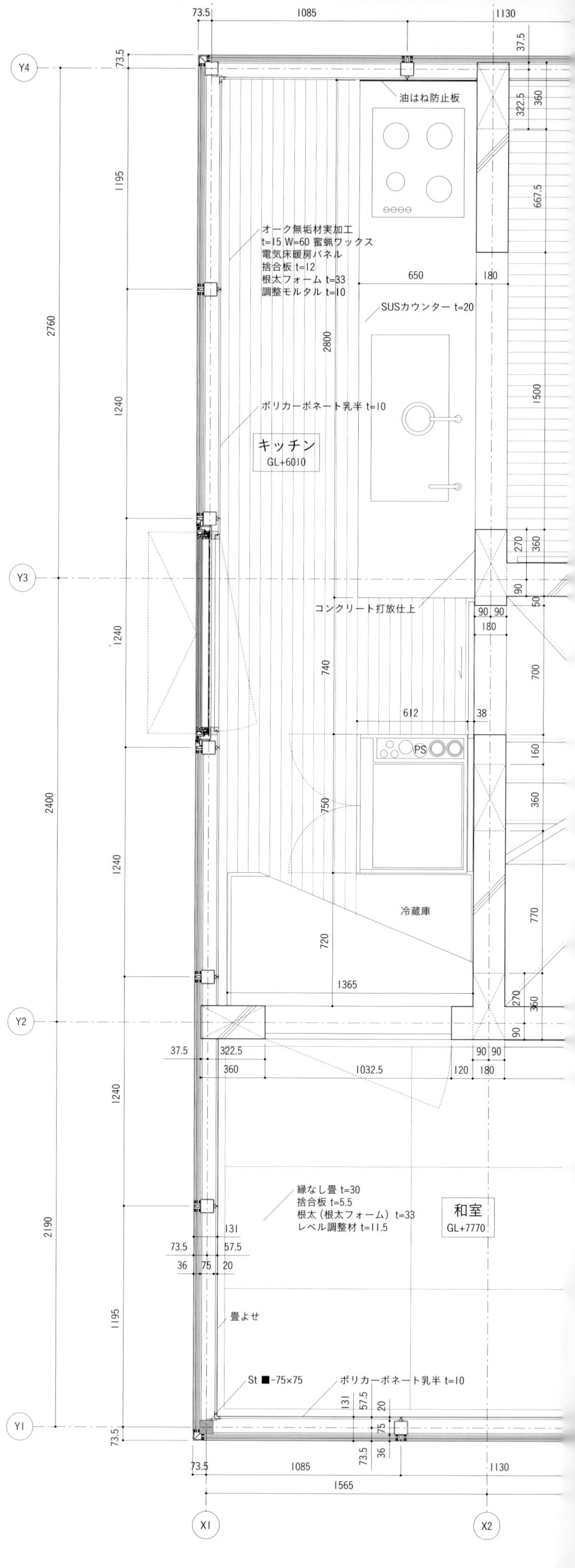

油はね防止板
オーク無垢材実加工
t=15 W=60 蜜蝋ワックス
電気床暖房パネル
捨合板 t=12
根太フォーム t=33
調整モルタル t=10
SUSカウンター t=20
ポリカーボネート乳半 t=10
キッチン
GL+6010
コンクリート打放仕上
PS
冷蔵庫
縁なし畳 t=30
捨合板 t=5.5
根太（根太フォーム） t=33
レベル調整材 t=11.5
和室
GL+7770
畳よせ
St ■-75×75
ポリカーボネート乳半 t=10
Y4
Y3
Y2
Y1
X1
X2
73.5
1085
1130
37.5
322.5
360
667.5
1195
2760
1240
650
180
2800
1500
270
90
50
90 90
740
700
612
38
160
2400
750
770
720
1365
37.5
322.5
1032.5
120
2190
131
57.5
73.5
36
75
20
1565

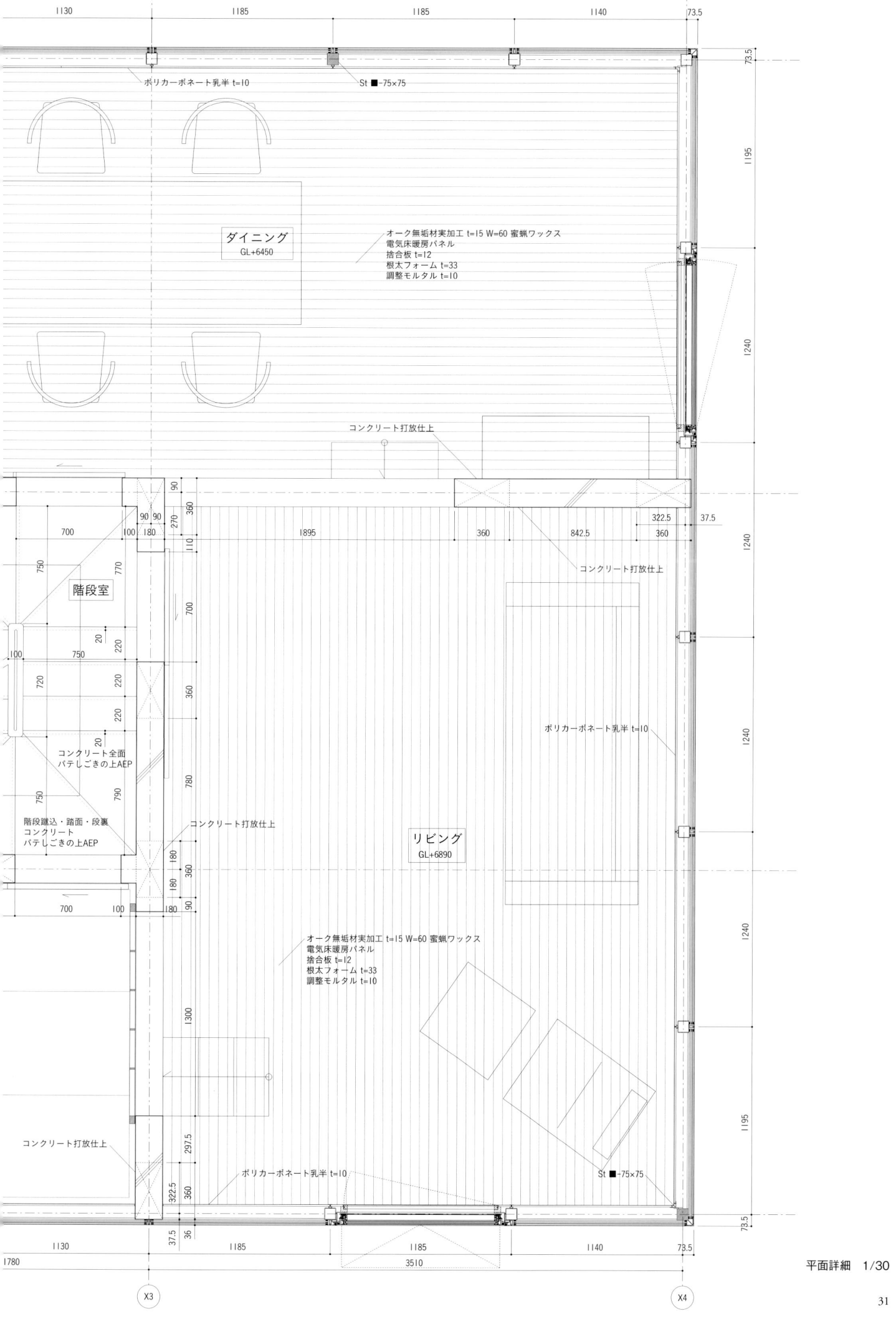

平面詳細 1/30

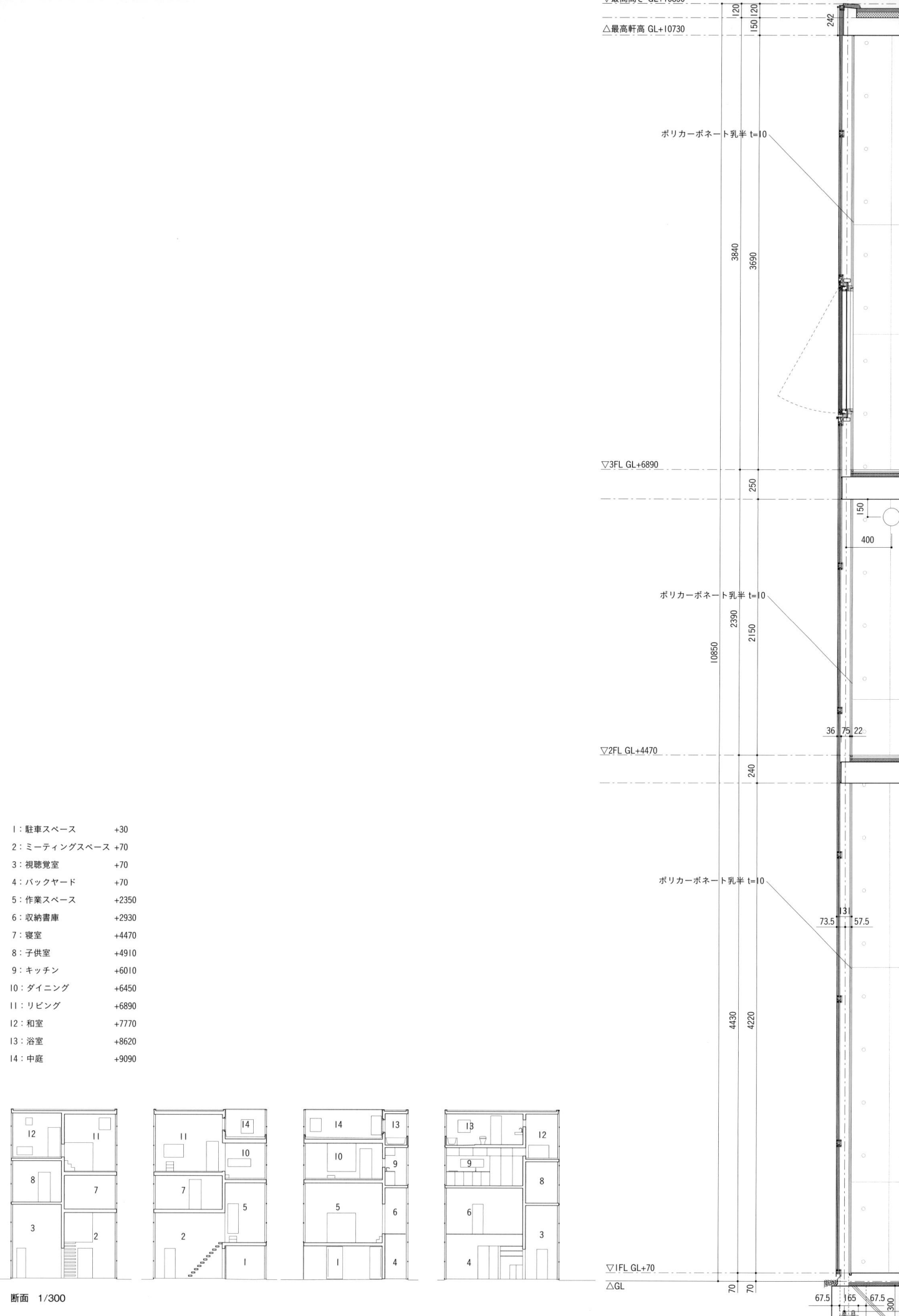

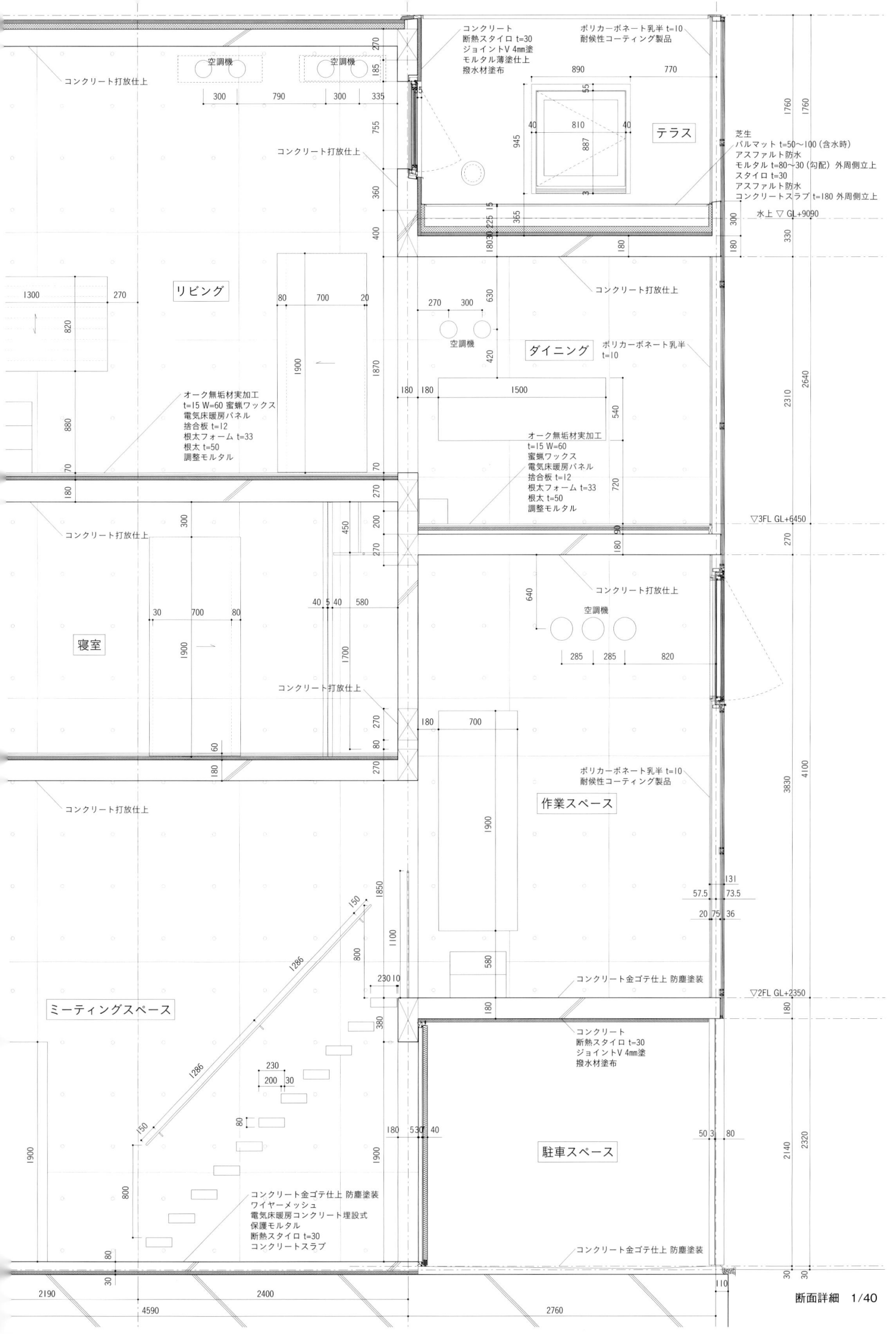

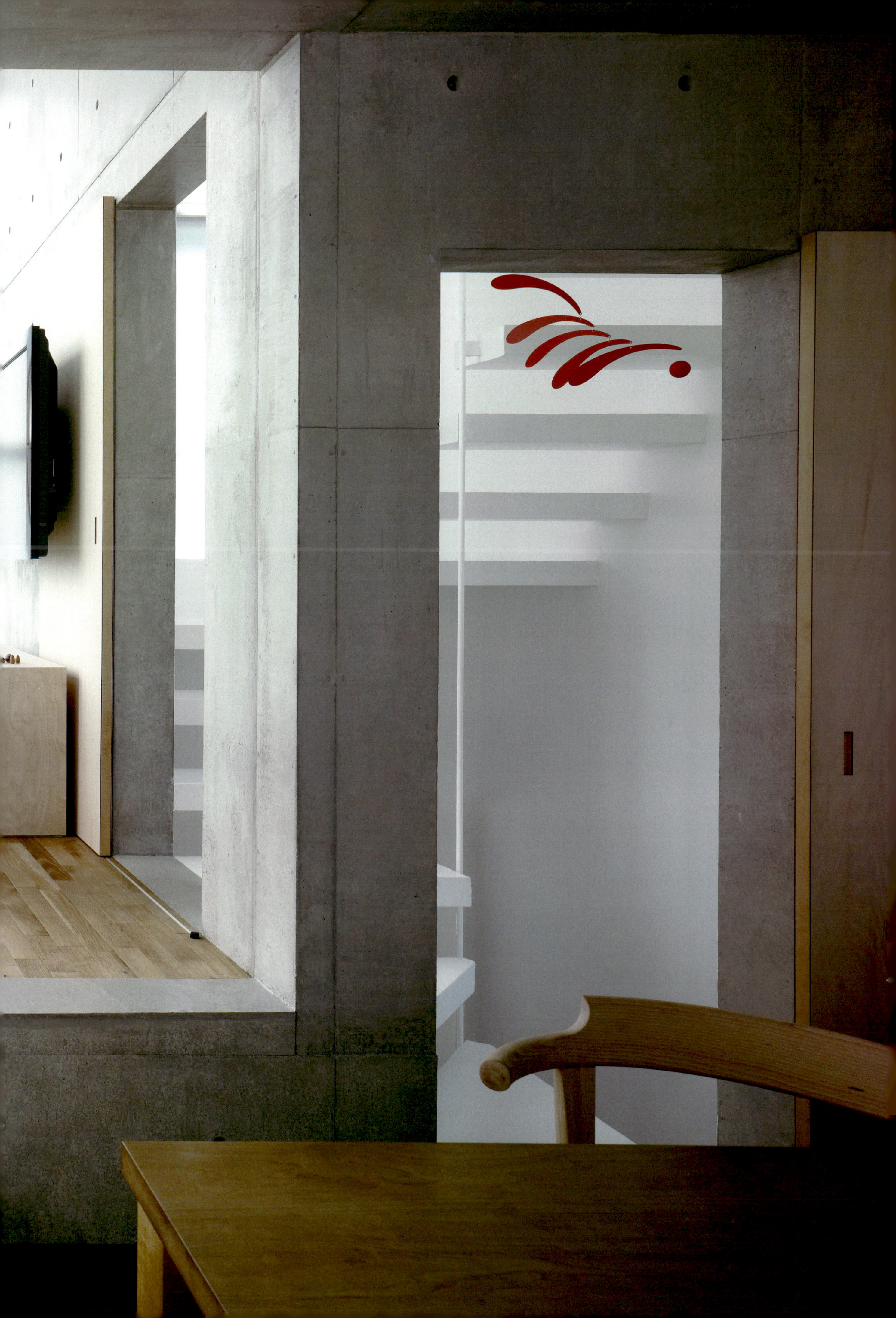

断面詳細 1/5

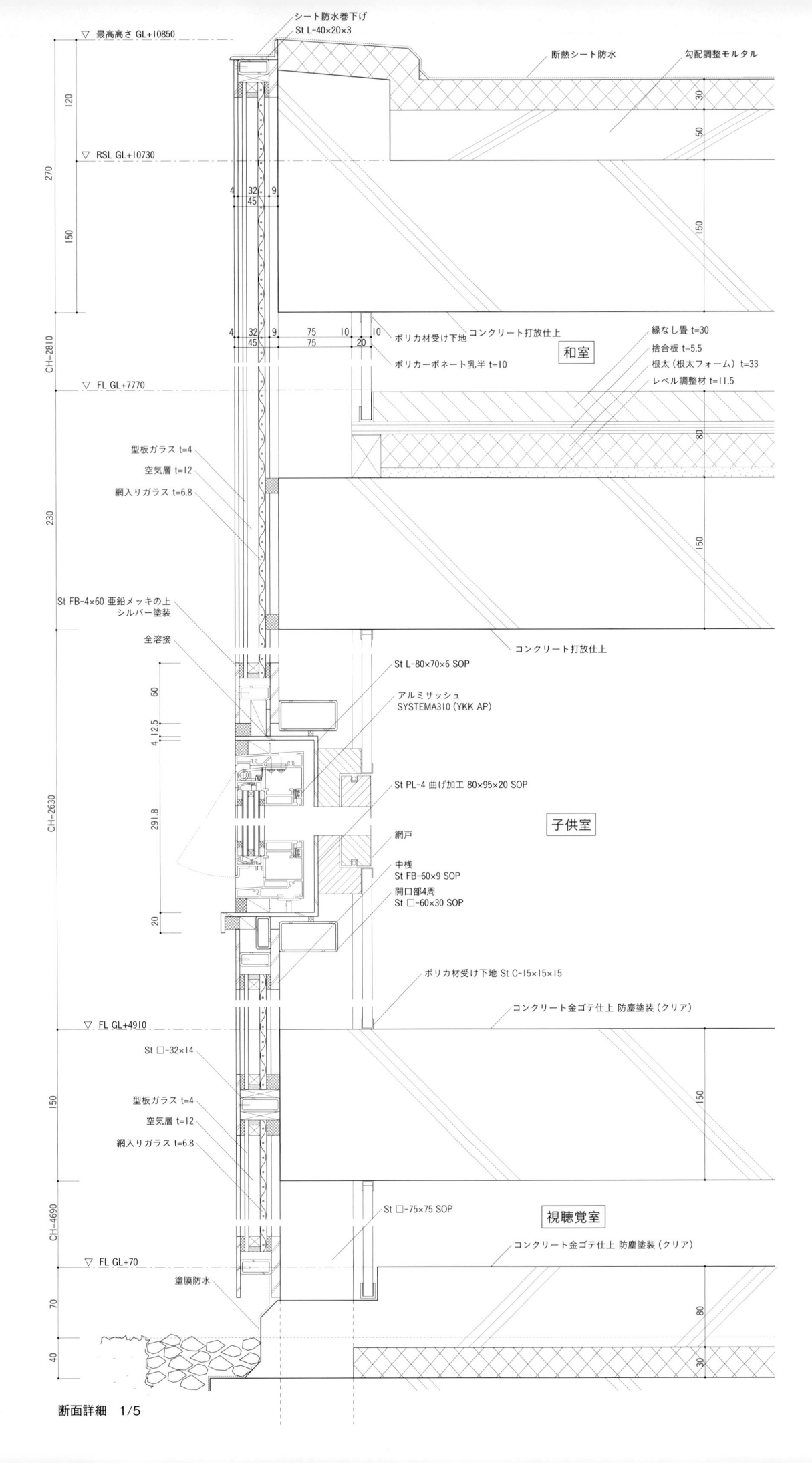

最高高さ GL+10850
シート防水巻下げ St L-40×20×3
断熱シート防水
勾配調整モルタル

RSL GL+10730

ポリカ材受け下地
コンクリート打放仕上
ポリカーボネート乳半 t=10

和室
縁なし畳 t=30
捨合板 t=5.5
根太(根太フォーム) t=33
レベル調整材 t=11.5

CH=2810
FL GL+7770

型板ガラス t=4
空気層 t=12
網入りガラス t=6.8

St FB-4×60 亜鉛メッキの上
シルバー塗装

全溶接
St L-80×70×6 SOP
アルミサッシュ SYSTEMA310 (YKK AP)
St PL-4 曲げ加工 80×95×20 SOP

コンクリート打放仕上

子供室

網戸
中桟 St FB-60×9 SOP
開口部4周 St □-60×30 SOP

ポリカ材受け下地 St C-15×15×15
コンクリート金ゴテ仕上 防塵塗装(クリア)

CH=2630
FL GL+4910

St □-32×14
型板ガラス t=4
空気層 t=12
網入りガラス t=6.8

St □-75×75 SOP

視聴覚室
コンクリート金ゴテ仕上 防塵塗装(クリア)

CH=4690
FL GL+70
塗膜防水

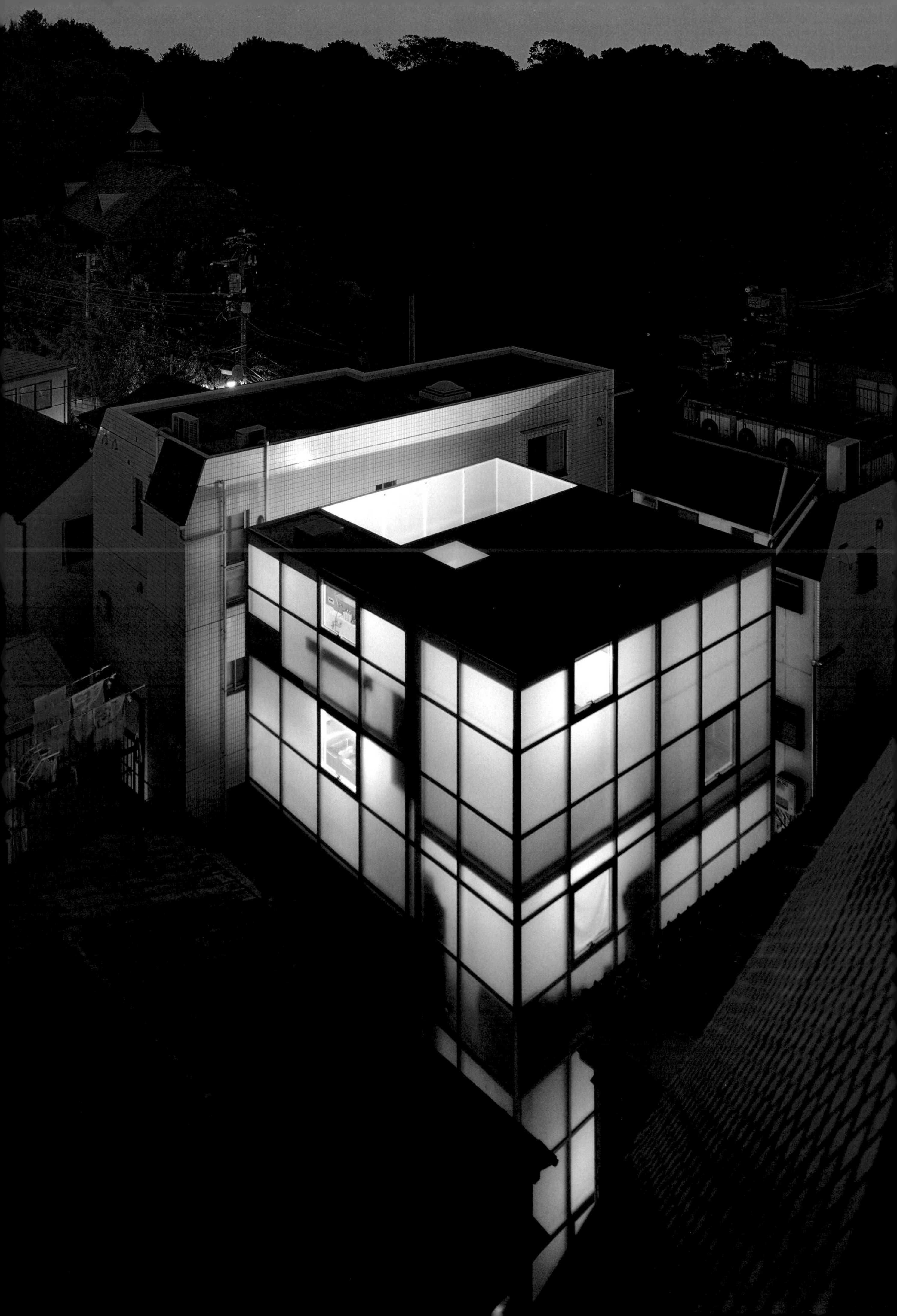

方の家

武井誠＋鍋島千恵／TNA

　軽井沢に建つ週末住宅である。尾根に沿った細長い敷地には、熊笹が群生し、周辺には比較的幹の細い木々が生えている。緑豊かな、繊細な森の傾斜地に、夫婦2人と2匹の犬のための建物を計画することになった。森の木々の中に浮かんでいるかのような、自然とのさまざまな距離を体験する建築を考えた。別荘地の縁に位置する敷地は、前面道路からの高低差がある斜面であること、生い茂る木々に囲まれていることで通行人や隣家の気配はほとんど感じられない。そこで、森に始まりや終わりがないように、どこまでが内部でどこからが外部なのか、どこからが部屋でどこまでが部屋なのか分からない、そんな環境をつくり出せないかと考えた。地面の勾配、木々の疎密、そして景色の濃淡といった、風景のグラデーションを手掛かりに、室内に発生する「間」の取り方で建築をつくる。それぞれの「間」は柱列がつくり出していて、その間隔の粗密と配列は、デイベッド、ダイニングテーブル、キッチンカウンター、浴槽といった、家具や什器との取り合いと、それに伴う行為によって規定されている。柱列は人間やペットが通過することのできる開口であり、空気や音、光や匂いといった不可視な物質のみが通過する間仕切りであり、見る角度によっては壁である。方形の屋根を支えている柱列は、室内の間取りをそのまま地面に投影させながら斜面からの距離を保つ。それらは細い柱でありながら、基礎、間仕切り、壁、パイプシャフトといった、建築のさまざまな水準の構成要素を凝縮させた「厚い」境界なのである。その境界の厚みと重なりは、隣り合う領域同士の新しい関係をつくっている。

武井誠＋鍋島千恵

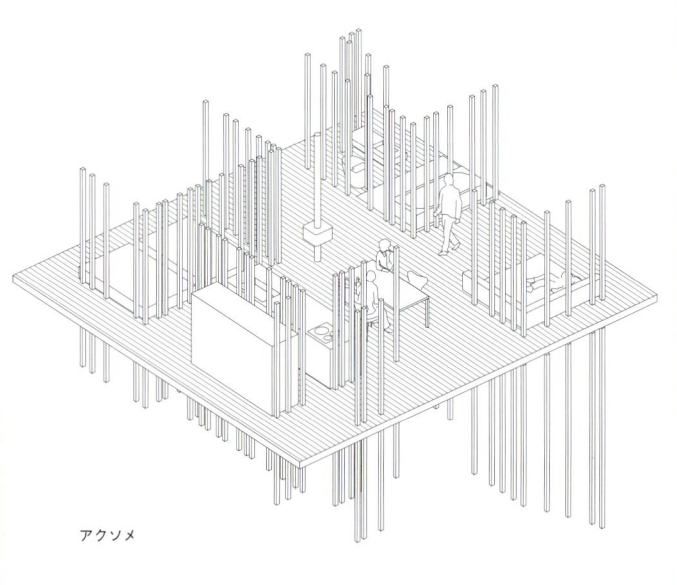

アクソメ

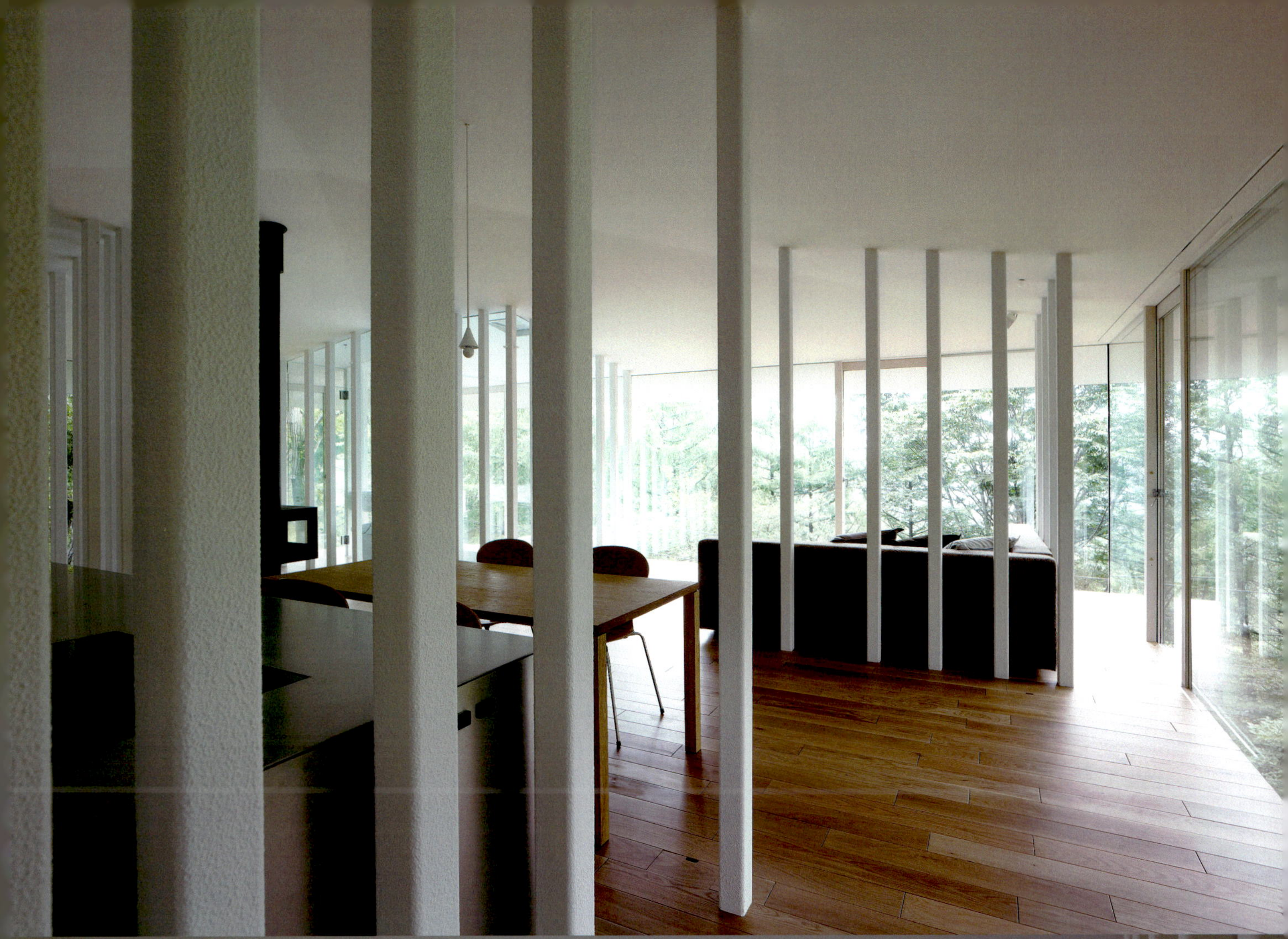
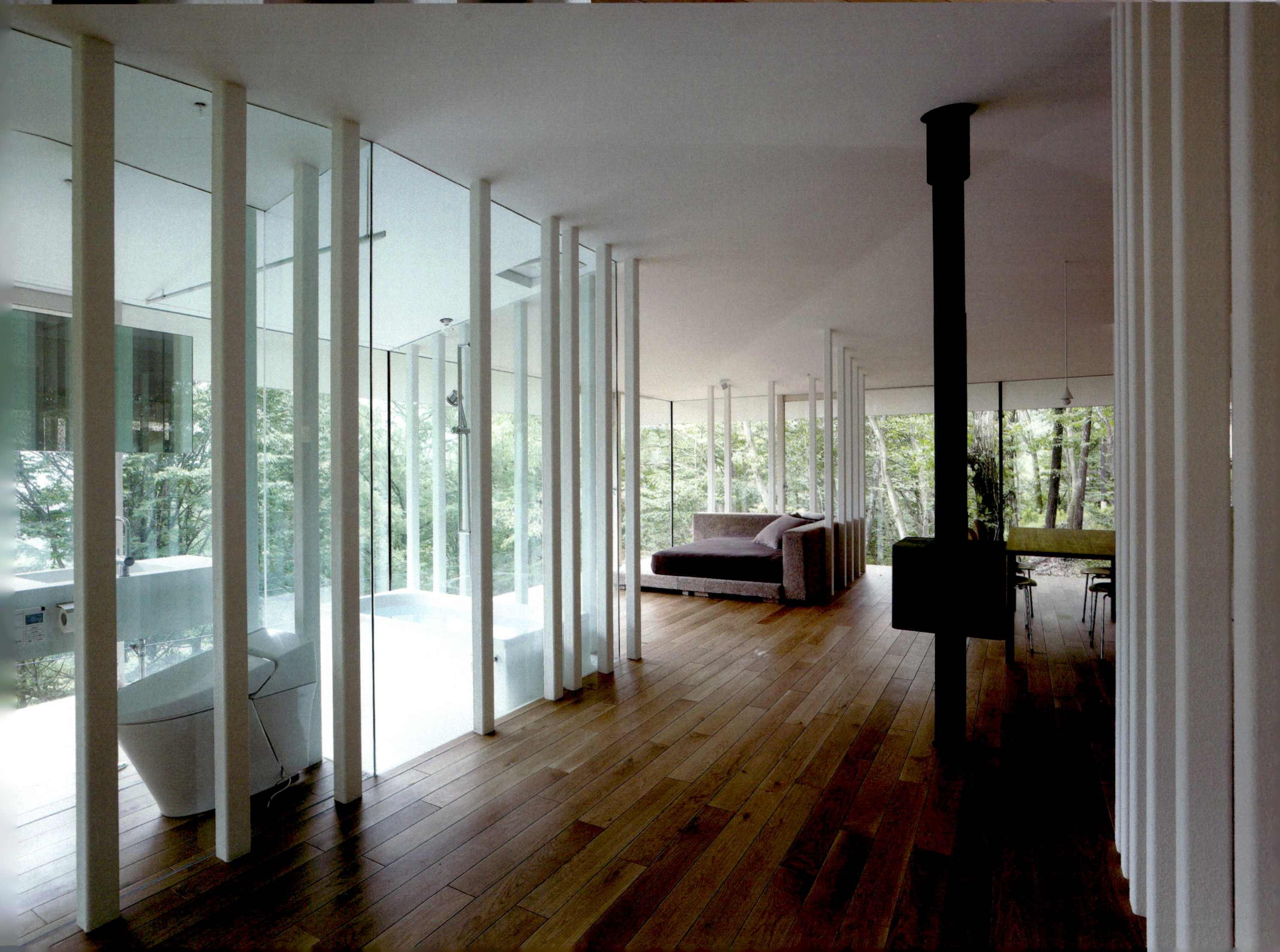

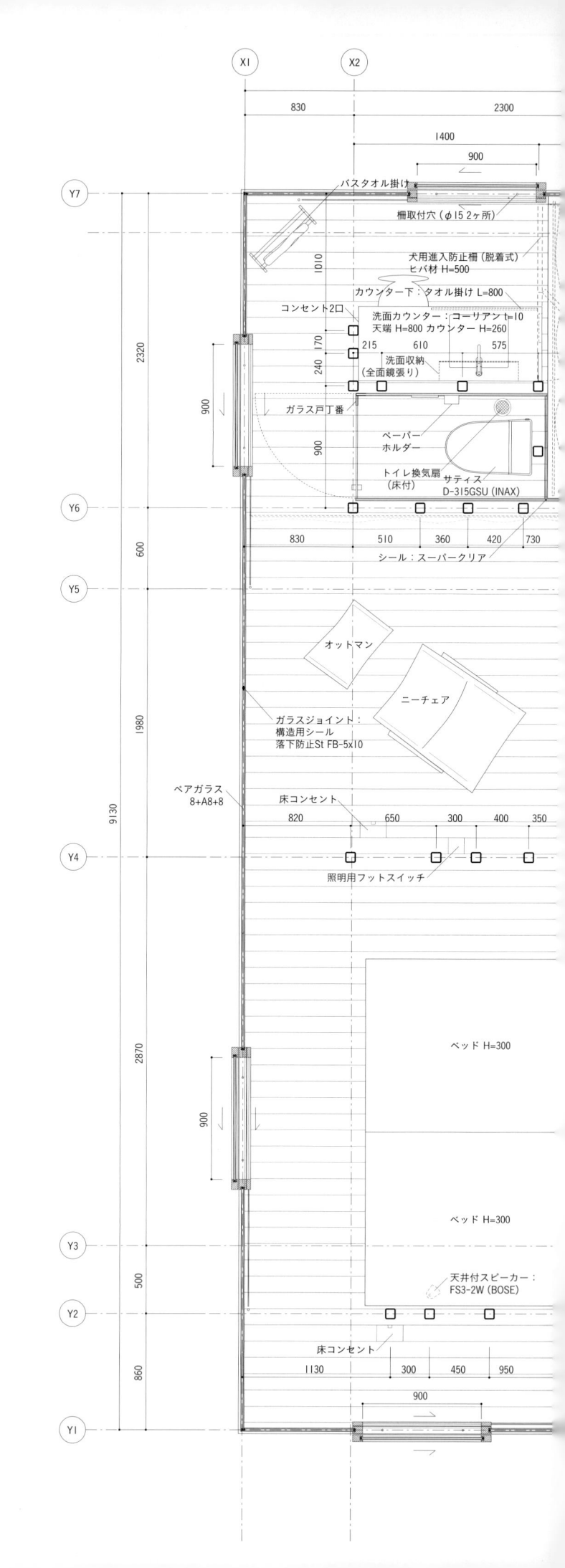

| 830 | 2300 |
1400
900

Y7
バスタオル掛け
柵取付穴（φ15 2ヶ所）
犬用進入防止柵（脱着式）
ヒバ材 H=500
カウンター下：タオル掛け L=800
コンセント2口
洗面カウンター：コーリアン t=10
天端 H=800 カウンター H=260
1010
2320
215 610 575
170
240
洗面収納
（全面鏡張り）
900
ガラス戸丁番
900
ペーパー
ホルダー
トイレ換気扇
（床付）
サティス
D-315GSU (INAX)

Y6
830 510 360 420 730
600
シール：スーパークリア

Y5

オットマン
ニーチェア

ガラスジョイント：
構造用シール
落下防止St FB-5x10

1980

ペアガラス
8+A8+8
床コンセント
820 650 300 400 350

9130

Y4
照明用フットスイッチ

ベッド H=300

2870

900

ベッド H=300

Y3
天井付スピーカー
FS3-2W (BOSE)
500

Y2
床コンセント
1130 300 450 950
860
900

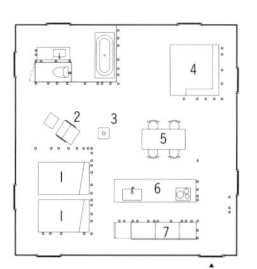

Y1

X1 X2

凡例：
1：ベッド
2：ニーチェア
3：ストーブ
4：デイベッド
5：ダイニングテーブル
6：キッチンカウンター
7：収納

平面 1/300

平面詳細 1/40

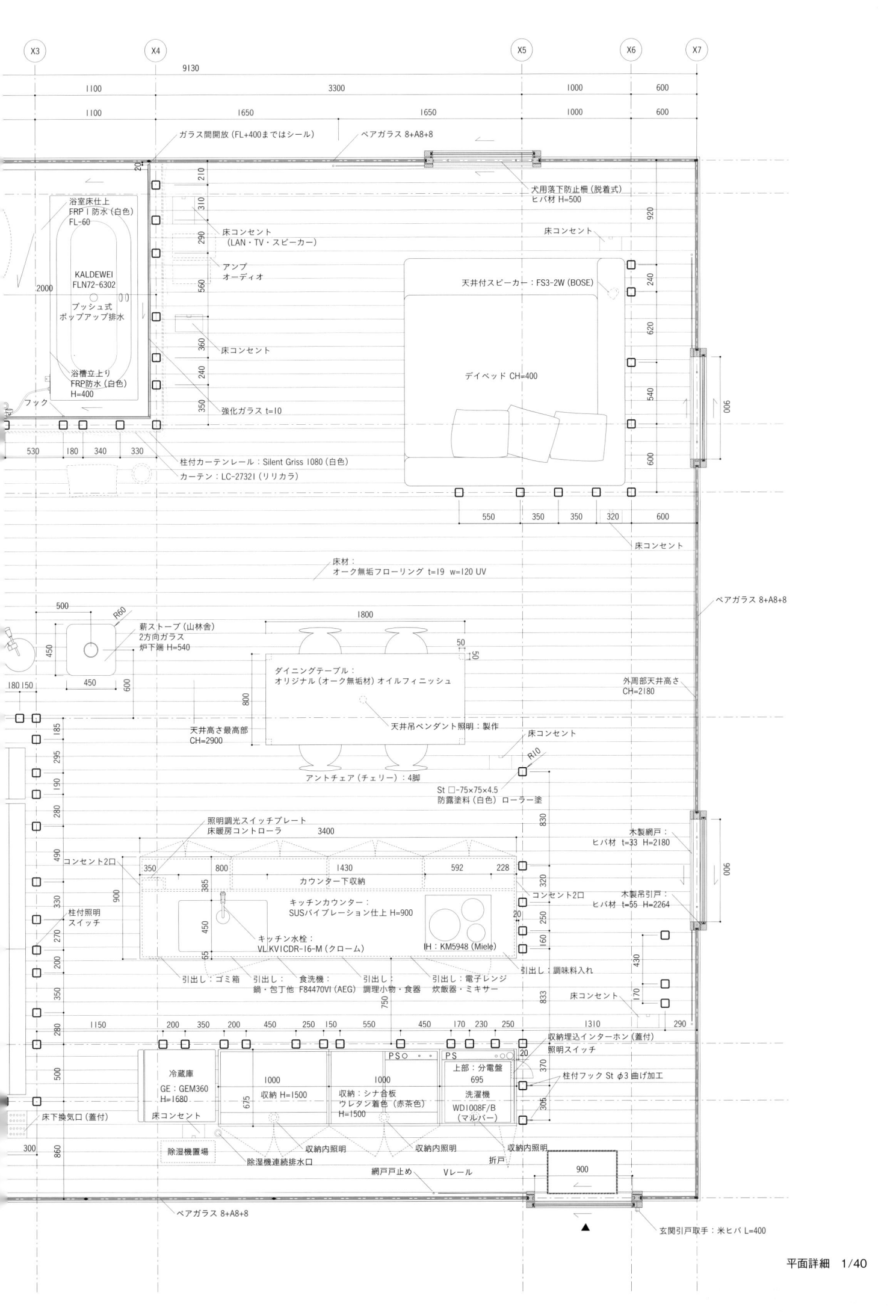

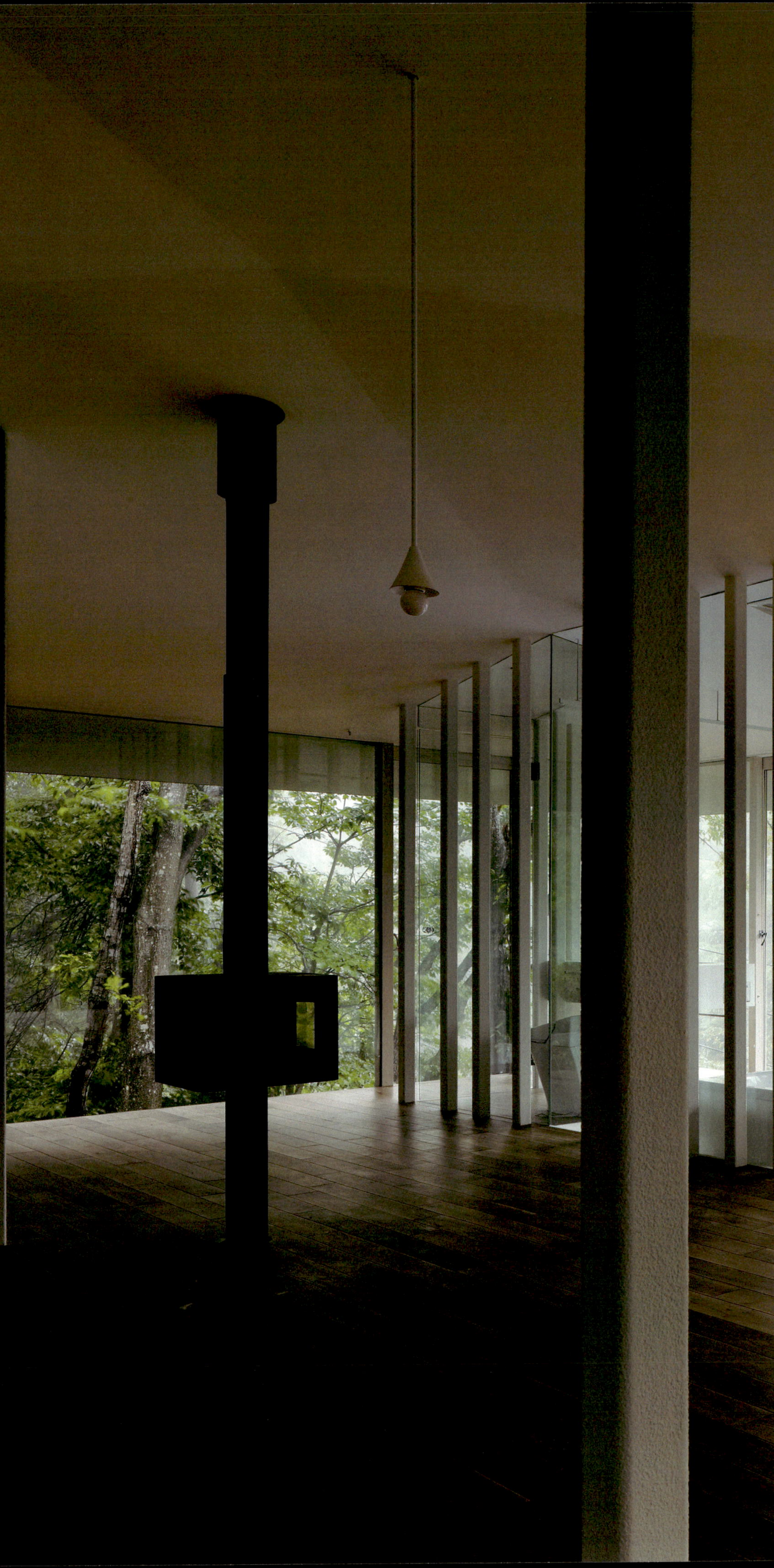

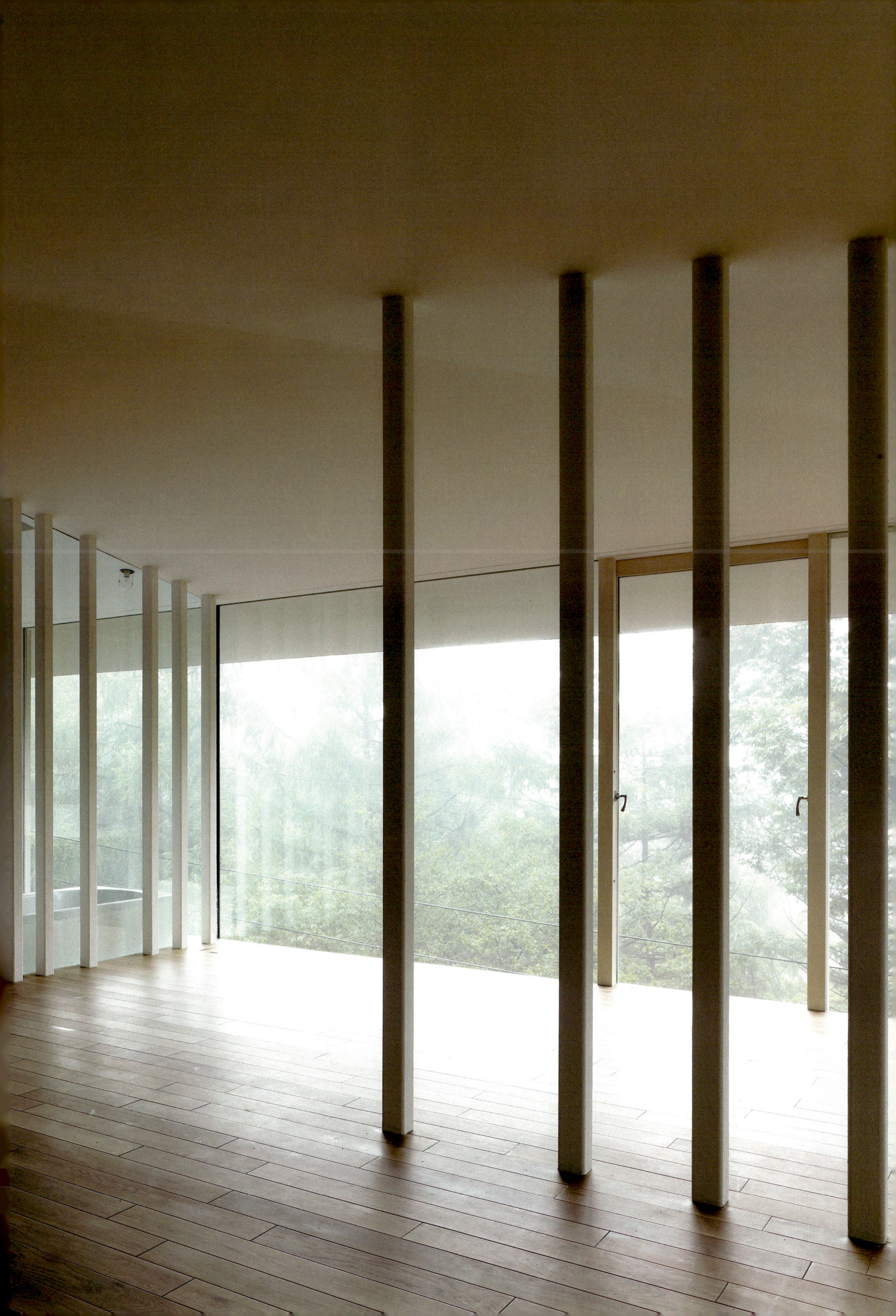

天井：
プラスターボード t=9の上AEP

天井埋込カーテンレール

ケイカル板 t=10の上
VP（防カビ仕様）

柱（屋内）：
St □-75×75×4.5
防露塗料 t=2（指定色）

ペアガラス 8+A8+8

床：
オーク無垢材 t=19 W=120
床暖房フィルム
合板下地 t=24
根太 St C-50×100 横使い

▽IFL GL+4966

柱（屋外）：
St □-75×75×4.5
溶融亜鉛メッキの上SOP（指定色）

断面 1/300

1：デイベッド
2：ダイニングテーブル
3：キッチンカウンター
4：収納

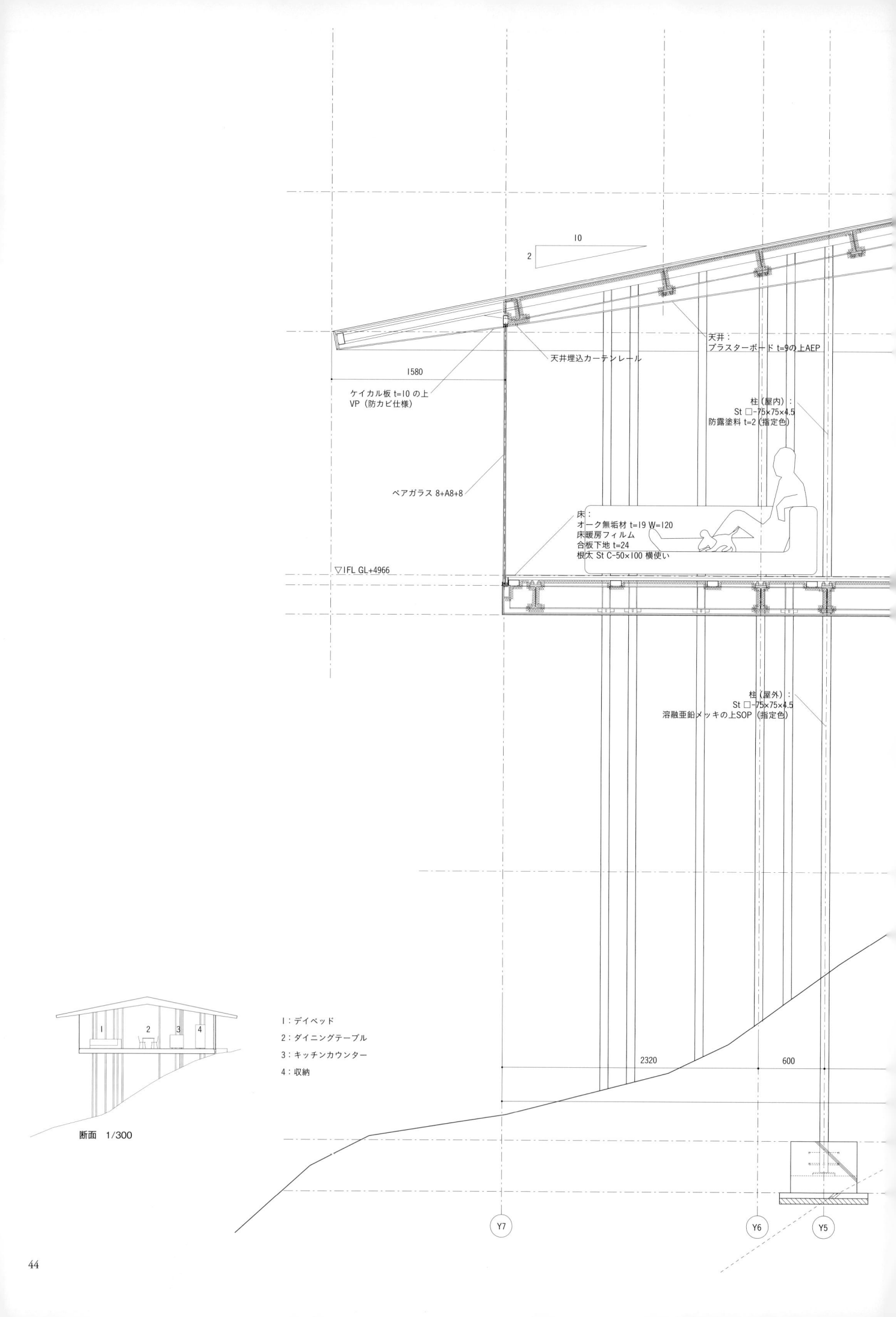

屋根:
ガルバリウム鋼板平葺
ガムロン防水
耐水合板 t=12
St H-200×100
垂木 St C-75×45 @455
発泡ウレタン吹付 t=30

排気口

最高高さ
▽GL+8915

垂木:
St C-75×45 @455

天井付キッチン換気扇

軒先高さ
▽GL+7665

収納:
シナ合板 着色ウレタン
全々艶消し

キッチンカウンター:
SUSバイブレーション仕上

木製建具
米ヒバ オスモカラー
(ホワイト)拭取

コンクリートモルタル
金ゴテ仕上

▽GL+4619

U字側溝:砂利敷

発泡ウレタン吹付 t=30

軒下:
ジョイントV平滑仕上の上 VP(防カビ仕様・指定色)
合板下地 t=12
ケイカル板 t=6

ラップルコンクリート
(支持地盤まで)

支持層

ラップルコンクリート

▽GL±0

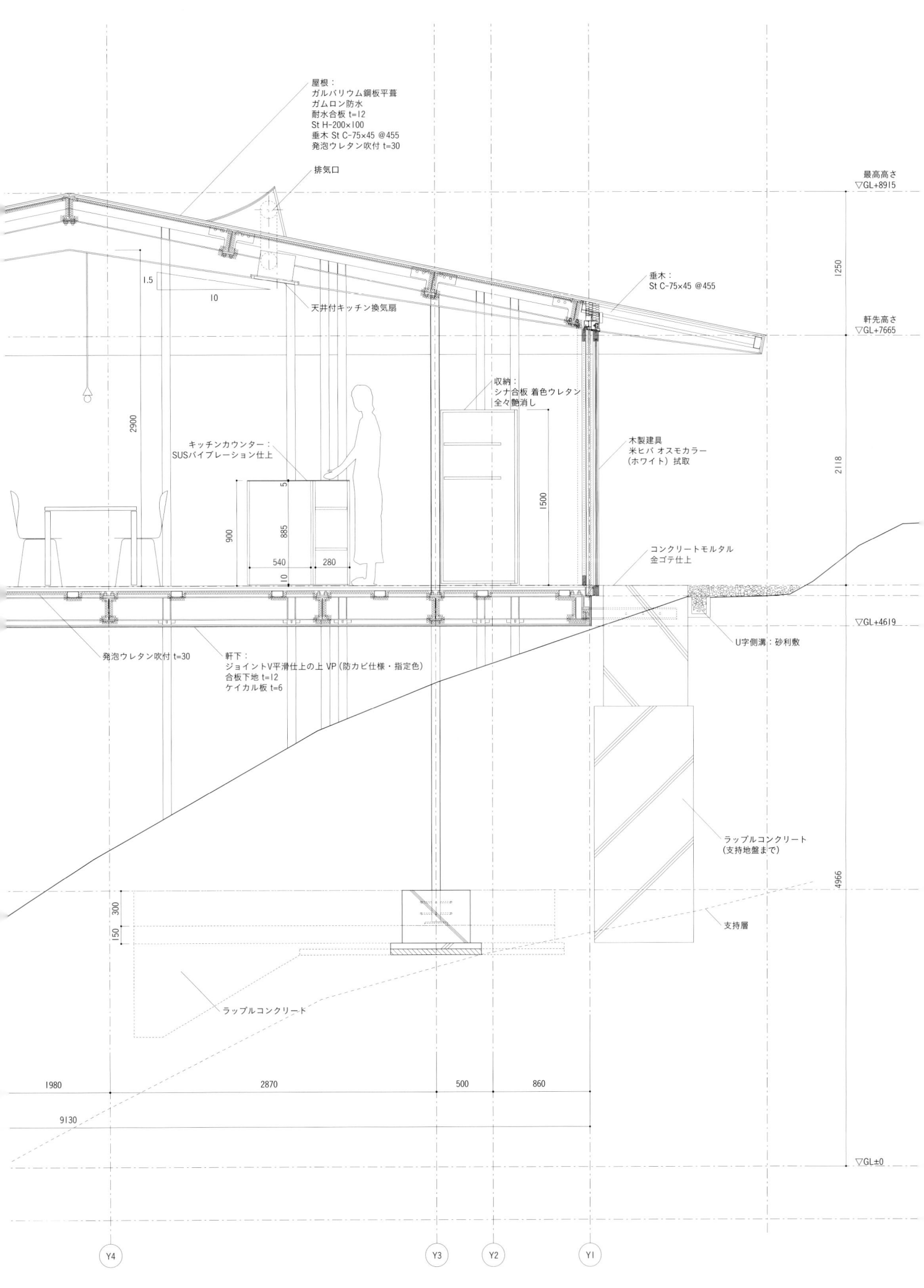

断面詳細 1/40

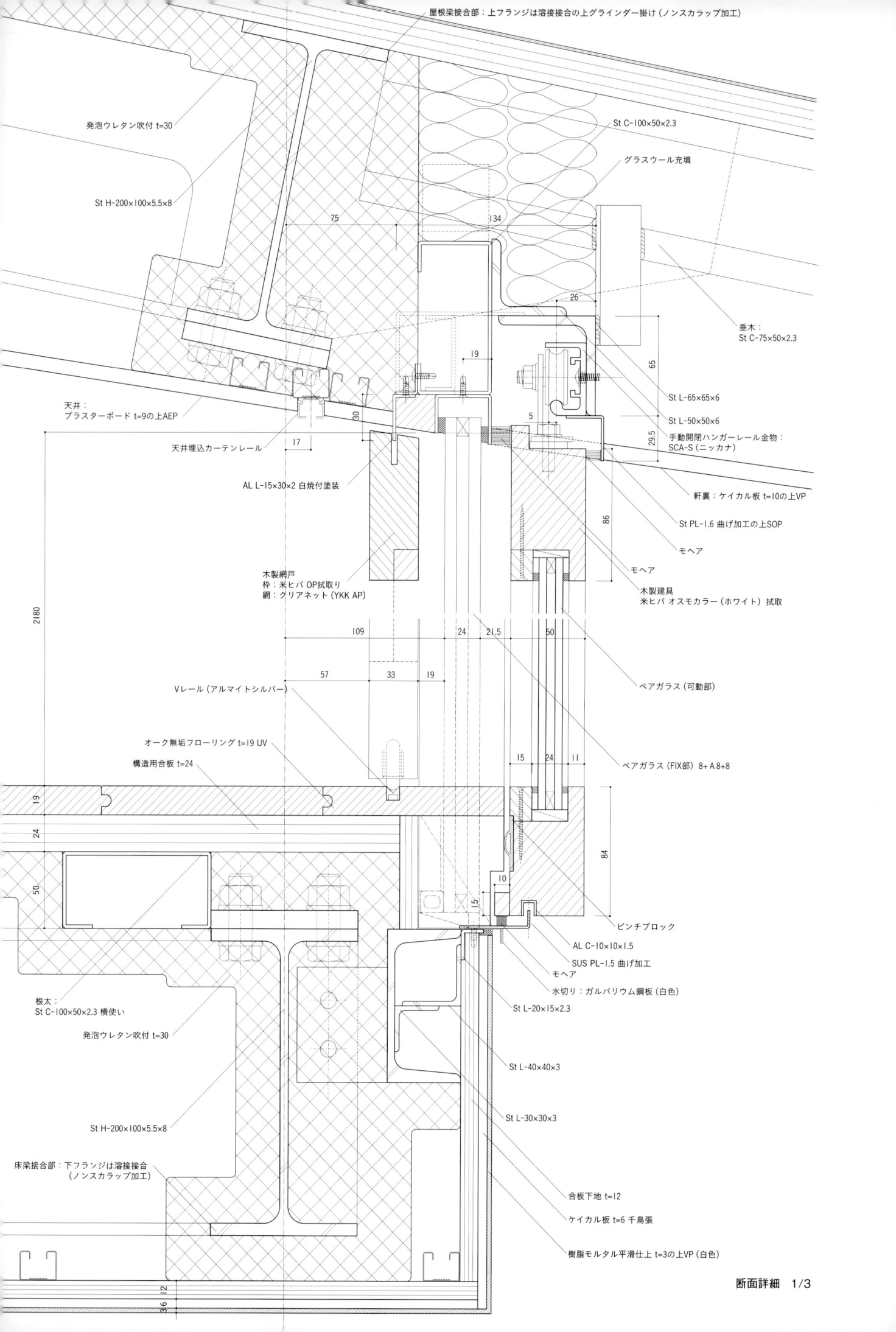

屋根梁接合部：上フランジは溶接接合の上グラインダー掛け（ノンスカラップ加工）

発泡ウレタン吹付 t=30

St C-100×50×2.3

グラスウール充填

St H-200×100×5.5×8

垂木：
St C-75×50×2.3

天井：
プラスターボード t=9の上AEP

St L-65×65×6

St L-50×50×6

手動開閉ハンガーレール金物：
SCA-S（ニッカナ）

天井埋込カーテンレール

軒裏：ケイカル板 t=10の上VP

AL L-15×30×2 白焼付塗装

St PL-1.6 曲げ加工の上SOP

モヘア

木製網戸
枠：米ヒバ OP拭取り
網：クリアネット（YKK AP）

モヘア

木製建具
米ヒバ オスモカラー（ホワイト）拭取

ペアガラス（可動部）

Vレール（アルマイトシルバー）

オーク無垢フローリング t=19 UV

ペアガラス（FIX部）8+A8+8

構造用合板 t=24

ピンチブロック

AL C-10×10×1.5

SUS PL-1.5 曲げ加工

モヘア

水切り：ガルバリウム鋼板（白色）

根太：
St C-100×50×2.3 横使い

St L-20×15×2.3

発泡ウレタン吹付 t=30

St L-40×40×3

St H-200×100×5.5×8

St L-30×30×3

床梁接合部：下フランジは溶接接合
（ノンスカラップ加工）

合板下地 t=12

ケイカル板 t=6 千鳥張

樹脂モルタル平滑仕上 t=3の上VP（白色）

断面詳細　1/3

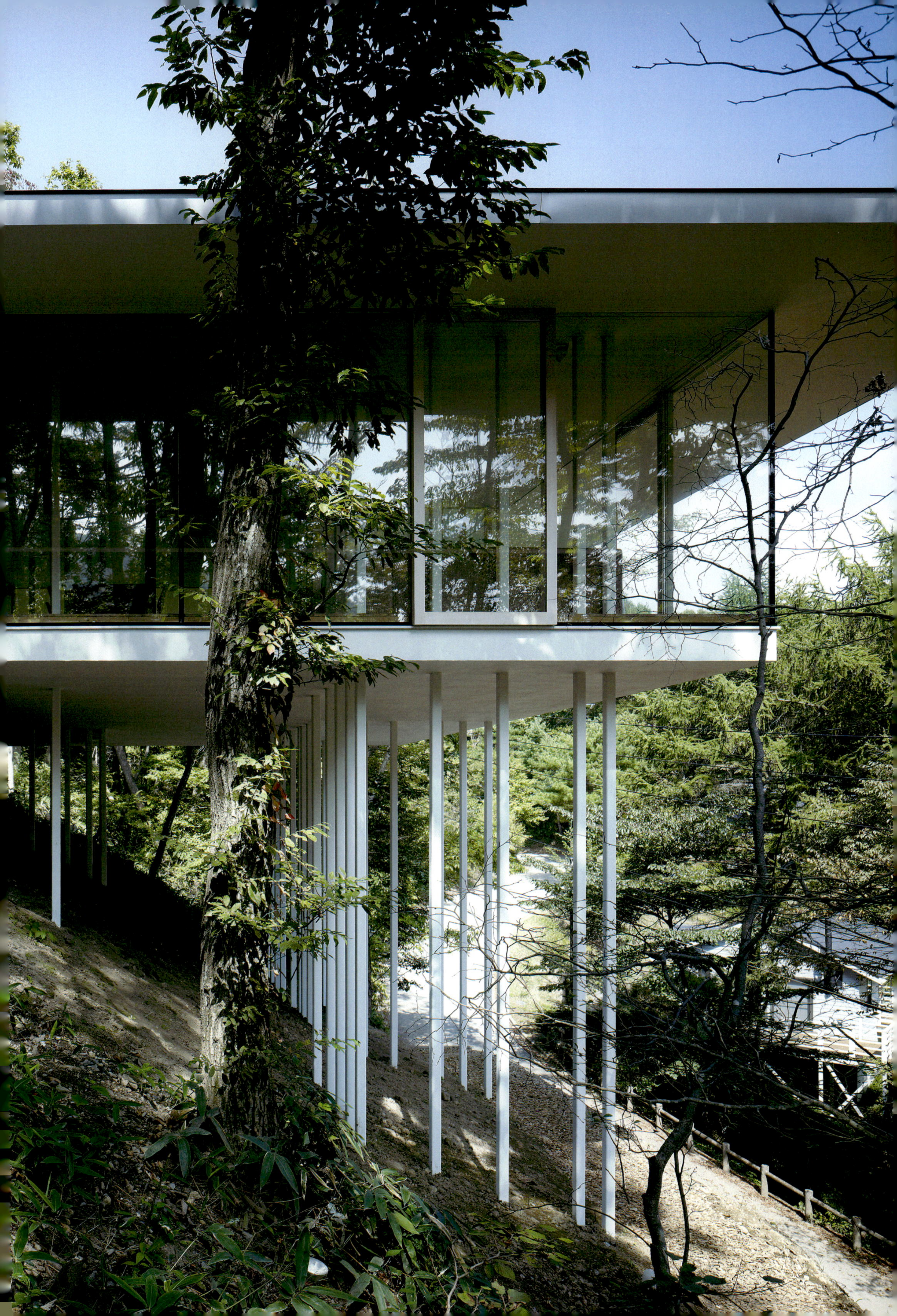

意味の連続性、あるいは「建築の生態系」

[鼎談] 藤本壮介 × 武井誠 + 鍋島千恵

住む場所の始まりの形

藤本 「House before House」（6頁）と「House N」（16頁）に共通しているのは、たぶん中と外の関係を扱っていることだと思います。僕の中には、ひっくり返るとまでは言わないけれど、建築の中と外がもう少しなんとかならないか、という思いがすごく昔からあったんです。その関係を扱うときに、なんとかにじませたいという気持ちがあった。建築空間とか人間の住む場所は本来的にそういう性質を持っていると感覚的に思っていました。

「House N」の場合は、家と庭を含んだ全体を、入れ子状の箱でガボッと囲み込んでいます。「House before House」では、同じくらいのスケールの隙間をつくりながら箱を積んで、緩い広がりを持った中と外の総体をつくれないかと思ったんですね。

最近は、建築という物体をつくっている感じに収まりたくない、という感覚が強くなってきました。

鍋島 「House before House」を見ていて、藤本さんは、実は外部と内部を組み合わせてつくっているのではなくて、内部をひたすらつくっていると思ったんです。延々と内部があって、実は敷地境界線に外部との切り替えがあるんじゃないかって。もちろん模型を外部から見てスタディしていると思うんですけど、実物を見ていると、逆のような気がしました。

藤本 それは意識していなかったですね。

鍋島 私たちは、木1本を敷地のどの場所に置くかということにも非常に興味があるので、適当に植えているように見えて、実はすごく考えて置いているのではないか、というところがすごく気になります。

藤本 結構いい加減に置いているところもありますね。「House before House」に関しては、なんでこうなったのかがうまく説明できないんですよ。

というのは、箱を積みながらある2個を取った場合に、生態系に合わせるように箱全体がうごめいていくわけです。僕自身が彫刻のようにつくっていったわけではなくて、スタッフとかコストとか、あらゆる状況を全部内包して、建物がその環境に適応するように勝手に進化していくと

House O　ダイアグラム　　House O　平面

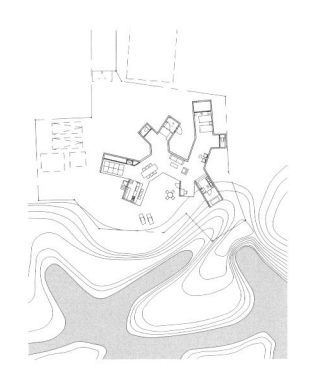

いうか。

　だから、この箱と木の位置は吟味されたものというより、むしろ生物の進化に似ていて、確かに悪くはないが、そこがベストかどうか誰にも分からない、という配置なんです。それがいい意味である種の緩さを生んでいて、どこまでいっても理解できない豊かさにつながってくれるといいと思っていたんです。

　地球の生き物はよくできているように見えるけれど、結構いい加減なんですよね。たまたまある進化した形があって、そこで奇妙な環境に陥ったときに、その骨格のまま対応していくと、変な生物が生まれたりする。そういうのがすごく面白いと思っています。

　ただ、自然の仕組みは崇高だからいいけれど、それを僕がやってうまくいくのかと言われると、正直分からない。だけど、完全にコントロールできないことをポジティブにとらえてつくれないかということは、最近考えています。

武井　以前、「House O」の形をどう決めたのかという話をしたときに、「一番気持ち悪いところで止める」と藤本さんがおっしゃっていたのを思い出しました。それは今の話でいう不自然さみたいなものに惹かれることと通じるんですか。

藤本　そういう意味ではね。

　「House O」の形も、非常に幾何学的な結晶体みたいに成長させることができるじゃないですか。そうではなくて、秩序があるのといい加減であることの大きなバランスというんでしょうか、どちらにも振り切っていないことは、興味があることの1つですね。

　とはいえ、僕は、その建築がどうやってできているかと聞かれたときに、なぜか一言で言えるようなものにしておきたいんです。たとえば「House N」は、箱の中に箱があってさらに箱がある。「House before House」だったら、木が付いた箱を積み上げている。そういう一言でつながる明瞭さ。でもその体験は明瞭である必要はまったくなくて、むしろどこまでも謎めいていてほしいんです。

鍋島　そこには藤本さんのストーリーがあるんですよね。たぶん誰でも平面や写真を一生懸命見て、そこにストーリーを思い浮かべると思うんですけど。

藤本　最近は平面図には表れていないかもしれないですね。特に「House before House」では最後まであまり平面図を見ていなかった気がする。「House N」は形の形式が非常に強いので、中のプランがおかしかろうが、まっとうであろうが、住環境としての差異がそんなに出ないような気がしていたし。

House H

輪の家

　「T House」とか「House O」のときはすごく一生懸命プランを練ったんです。でも、ああいうものはもうやりたくないと思っているところがあるのかもしれない。
　最近竣工した「House H」は、同じ大きさの部屋を積み上げて、壁・床・天井に「House N」のような感じでボコボコと穴をあけて、床がないような状態なんです。そこを立体的にうごめきながら住むような感じの家。またもやプランにあまり意味がなくなっている。
　だから、考えていることがプランに落ちようが落ちまいが、何か住む場所の始まりみたいなものをいろんな形で見つけたいのだと思います。

境界の「厚み」

武井　最初のお話で、「にじみ出す」という藤本さんの話がありましたが、私たちも、何かと何かが隣り合うところに非常に興味があります。「輪の家」では、森の中にいるような感じを出すために、内と外の境界をできるだけ薄くして、ダイレクトに接するような関係にしました。「方の家」（38頁）の場合は、柱の配列と疎密感だけで部屋を間取ることができるかを考えたんです。人が動くと柱が急に壁になり、また少し動くと視界が抜けてそこを人が通れたりする。そういう境界の移ろいをつくろうと思いました。
　お施主さんは犬を飼っているんですけど、人は通れないけど犬が通り抜けられる境界面も現れてくる。そういういろんな意味の「厚み」を持った境界をつくり出せたら面白いなと思いました。
鍋島　あと、スケールをすごく大事にしています。段差ひとつをとっても、座ったときに隣がどうあるのか、寝たときに隣がどうあるのかまで考える。正直、そのスケールを設計していると言ってもいいくらい。
藤本　かなり厳密につくっていると考えてよろしいんでしょうか？
武井　そうですね（笑）。
藤本　そういう意味ではすごいと思ったんです。段差と言ったときも、僕らも徹底はしているはずなんだけど、そこまで徹底しているかと言われると……。
武井　先ほど藤本さんが言ったように、「何か一言で言いたい」という気持ちが僕らにもあるんですよね。柱を並べるというのはその「一言」だと思います。だけど、私たちはその中にいろんなものを畳み込みたいわけです。たとえば家具であったり、構造だったり。そういうものをすべて凝縮してしまうとほかのものが逆に見えてくる。

たとえば「カタガラスの家」(28頁)だったら、周りは建物が建て込んでいるんだけれども、隣家との隙間から入ってくる光のグラデーションが外壁になったり。そういう微差を敏感に味わうために、必要不可欠なものをなるべく建築に畳み込むことで、違うものを感じてもらいたい。

藤本 これは僕の誤解だったみたいですけど、僕が勝手に描いていたTNA像は今の話とまったく逆で、いい意味で一発屋的(笑)。

普通の人がまじめに建築に取り組もうとしたときに、なんとなく頭の片隅で見えているはずなんだけど、無意識に除外してしまうようなちょっとした思いつきを取り上げてやってみる。でもつくってみると、「意外にそっちのほうが気持ちいいじゃん」あるいは「いろんなことがうまくいくじゃん」となる。そういう一発逆転みたいなことが好きなのかと思っていた。そのすがすがしさがいいなっていう気がしていたんです。

ただ、今の話を聞くと、そう理解されるのは心外だ、という感じ? (笑)。

武井 僕らはこういうことをあまり話す必要はないのかなと思うんですよ。「うまくできてるじゃん」と勝手に思われたほうがいいのかもしれないとも思います。厳密なつくり方を使う人に語っても退屈だろうし、最終的な空間体験であったり、どんなふうに見えるかが大切だと思います。

ポジティブな微差とネガティブな微差

藤本 先ほど「カタガラスの家」の微差という言葉が出ましたけど、最近、微差に敏感な人たちが結構多いじゃないですか。微差から発生して何か大きなものが転がるような建築であれば素晴らしいと思うけど、微差を語ることでしか語れない建築になってしまうと、ちょっとつまらないと思うんです。そこにはポジティブな微差とネガティブな微差があるような気がしている。

「廊の家」のようにインパクトのあるものは、いろいろと語らなくても伝わるじゃないですか。たぶん海外の雑誌でTNAの作品がよく取り上げられるのは、そういうパワーを持っているからだと思うんです。だからどうなんでしょう、微差はあまり語らないほうがいいんじゃない(笑)。ご本人たちはどちらに軸足を置きたいんですか。

武井 それは2人でやっているから。マメかマメじゃないかの違いかな(笑)。

だけど、今までの日本の建築はどこか分かりにくいんですよね。建築はある意味単純なほうがいいと僕らは思っています。

藤本 両方いるからいいんでしょうね。

TNAの建物を見ると、ディテールとか建築としてはすごくよくできているし、「よくできていますね」で終わらせられないものを持っている。

武井　ただ形だけが面白いというのは、ちょっとずれていると思うんです。消費されてしまいそうな形というか。逆に、その形の意味はなんだろうって問い掛けるようなものであってほしいと思うんです。

藤本　僕より若いのにTNAは渋くなってきてないか？　もうちょっと激しく（笑）。

　「方の家」の柱も、まるで壁みたいに並んでいるじゃないですか、ピシッと。最初にこれを見たときに、確かに揺らいではいるけれども基本的には壁だよな、と思った。いろんなところにランダムに置きたいと思うじゃないですか。

武井　そもそも、僕らは揺らぎというか、曖昧な感じをつくってはいないんです。多義性のある柱というか、いろんな意味を持たせることで、今まで壁とか柱と言っていたものを、もう少し曖昧にするということだと思うんですよね。

鍋島　たとえば昔の民家の襖とか、ものの持っている意味に「厚み」があるものにすごく興味があるんです。「方の家」では、この柱がただの間仕切りのように見えて、実は基礎にもなっている。

藤本　ただのランダムな柱というよりも壁と壁じゃないものが両方現れるほうが豊かであろう、と。言っていることは確かに分かるんですけど、ちょっとまじめ過ぎない（笑）。だけど、その辺のきまじめさがTNAらしさを出している気もする。

　ただ、柱が角棒じゃなくて、なんでパイプなのかは気になるところですね。角の丸さが僕なら腹が立つ（笑）。

鍋島　それは家具とか建具の扱い方にも似ているから。アールであることは私たちの中ではものすごく重要なんです。

藤本　しかも、結構大きめの75角。

鍋島　それを50角にすると、壁が壁でなくなってしまうんです。材とそれらの間隔の関係はスタディをして決めました。

武井　アールが重なって壁に切り替わる瞬間は、本当に微妙なところなんですよ。柱には結露防止塗料が塗ってあって、ツルツルしていない。それもいい効果を出しています。

藤本　もちろんそういうこだわりは、どこの事務所にもあるじゃないですか。たとえば、僕らも「House N」の開口の小口と外壁の仕上げは違うとか。それは分かるんですけどね。

　もしかしたら、この温度差がここの世代間ギャップかもしれない（笑）。

廊の家（2点とも）

　たぶん、平田晃久さんがTNAと一緒にお話しすることがあったとしても、先ほどの角パイプのアールの話、つまりそこの微差にまでついていけないと思うんです。そこで勝負するか、そこをすっ飛ばすか、みたいな違い。

　でも、この戦いはなんとなく僕のほうが分が悪いような気がする。ちゃんといろいろと考えたほうがいい気がするから（笑）。

小さいスケールから、大きいスケールまでの関係

藤本　僕が気になっているのは、たとえば「方の家」の柱の寸法とそれらの間隔という微差と、「廊の家」の張り出しの寸法に対する柱の寸法が、同じレベルで意識されているのかどうかということ。

　あるところに寄ったときの微差は分かるんです。ところが、周りとの関係になったときに、それがどのくらいの解像度で可能なのかが気になるところ。確かにミリ単位で反応する瞬間と、そうじゃない瞬間があるんだけれど、それらの寸法が同じ空間の中に共存しているときに、それでもミリ単位でコントロールするべきなんでしょうか？

鍋島　やはり、ミリではないでしょうか。厚みが1ミリ、2ミリ違うと印象がだいぶ違ってくる。それは距離との関係によっても違ってくるとは思います。

藤本　われわれはそこを無意識にコントロールしているのかもしれないですけどね。

武井　私たちが興味のあることは、ひとまとまりの建築として、要するに形として表したときにそれがどうあるべきか、ということ。

　今まで確かにうまいディテールとか、きれいなディテールの納まりは多々あったと思うけれど、細かいところから敷地に対しての建ち方までの意味の連続性が語れたかというと、そうでもないと思うんです。形は形で結構乱暴に決めて、スパーンと窓を付けました、というのでは違うと思う。

　だから、藤本さんの「House before House」でボックスをポンポンと積み上げていくときに、ボックス同士の接続部分を一体どういうふうに考えているのかはすごく気になるし、「House N」でも、一番内側の入れ子状のところが木造だとしたら、これは家具なのか、それとも外側の殻と同じ考えでつくっているのかも、やっぱり気になる。そういうものが全部つながっていてほしいと思っているんです。

藤本　それは非常によく分かります。たぶん全部が関係し合って、何かある調和になっていると

いうことですよね。
　確かに、僕らも「House before House」のボックスを積み上げるときに、文字通り積まれていないと駄目だということで、ものの関係としては、下のボックスの天井面と上のボックスの床面が重なり合っていなきゃいけないという、ある種のこだわりがあった。「House N」もさっき言ったように一番内側は木造なんだけれど、そのときにやっぱり外側と同じように仕上げたくなる。
　それは小さなこだわりなんですけど、建築物とその体験の全体が成り立っていくときに、人間の足に恐竜の足をくっ付けたようなことが起こっていると、なんか気持ちが悪いんです。工業製品には違いないんだけど、ある種の有機物みたいなつながりになっていてほしいというのは非常に分かりますね。今のところ生態系という言葉が僕の中ではしっくりくるんだけど、小さいスケールから大きいスケールまでの関係。
　そういう意味では、確かにディテール自体にこだわりがありますね（笑）。
武井　実は、藤本さんにこだわっていると言ってほしかったんです（笑）。絶対に語らないから。ディテールには触れないようにしているのは分かっていたんですけど、写真から伝わってくる。原始的なものを、視覚的にも実現させるためには、やっぱりそこまで詰めないと駄目だと思うんです。それは無意識のうちにやっていることかもしれないですが。
藤本　僕も最初は気にならないのかと思っていたけど、実はすごく気になっている（笑）。だからそのレベルでは2人とあまりギャップがないですね。

幅や揺らぎの可能性

藤本　でも、そういうつながりに気がついたのは、ほんの数年前なんです。たぶん一番初めにそれを意識し始めたのは「T House」をやったときですね。それまでは、僕が考えてつくっているものと建築の納まりに、どこかちぐはぐな感じがあったんです。でき上がってみると、変なのは分かるんだけど、何がおかしいのかよく分からないことが結構続いていた。
　いろんな人の建築を見たり、自分で少しずつ経験を重ねてきて、それこそミリ単位の建築の細部と全体のプランや抽象的な言葉までが、ダイレクトに関係し合っていることが、やっと身体的に分かるようになったと思います。
武井　ただ、ディテールが先にいってしまうと、積み上げていくだけになってしまうので、総体としてしっくりくるものはたぶんできない。だからこそ、そこは常日ごろ私たちも行ったり来たり。

藤本 「House before House」と「House N」はそういうところを厳密にやっていたような気がします。ただ僕の中では、どちらもちょっと厳密過ぎるという気がする。もし建築の生態系みたいなものがあるときに、それぞれが持っている幅や揺らぎみたいなものの可能性がもっとあるんじゃないか、という気がしてきたんです。変なものが登場しても、生態系って成立するじゃないですか。

「House before House」は藤森照信さんとも一緒にやったプロジェクトですが、傍らで関係のない素材を張っている藤森さんをかっこいいなと思った。ファサードは焼き杉だけど、裏はガルバリウム鋼板（笑）。そこにある豊かさを感じたんですよね。厳密に積み上げた完璧さとは違うけれども、それゆえに生き生きとしている。

先ほどから僕がいい加減とか、説明できないと言っているのは、その辺にも 1 つのきっかけがあるんです。何かを決めるときに、厳密に決めること以外にも選択肢があってほしいという気はしています。

なぜ僕が「方の家」の柱に噛みついたかというと、すべてを厳密に決めたような雰囲気だったから（笑）。でも、「方の家」の柱の間を犬が通れたりする発見があると、面白いですよね。建築の生態系がより豊かになる。

武井 そうですね。自分が描いていたものとは違ったことが起きると、建築の可能性は広がるなっていうことを感じますよね。

福島加津也＋冨永祥子
Katsuya Fukushima + Hiroko Tominaga

e-HOUSE　コンセプト模型

「もの」の再生

　ここに取り上げた「e-HOUSE」(58頁)と「柱と床」(68頁)という2つの住宅は、外観も内観もまったく異なっているように見える。日本の建築家のわずか2年の作風の変化としては、とても大きいといえるだろう。偶然だがこの2つの敷地はいずれも東京の都心周辺の下町にあり、実は歩いて行けるくらい近い。周辺の建物の密集具合や町の雰囲気はほとんど同じなのだ。それなのになぜこんなに違う住宅を設計したのか、私たち自身もそれをいい表せないもどかしさを感じていた。

　詳細図とはものの性質と形状を指し示す図面であり、そこに空間は表現されない。そんな話をある編集者から聞いたときから、これまで私たちが設計した住宅を、空間ではなく「もの」という切り口で見てみたいと思い始めていた。まず、「e-HOUSE」を「つつむもの」、「柱と床」を「たちあがるもの」と名づけてみよう。次に、前半に建築家が設計したものの写真、後半に家族が持ち込んだものの写真をレ

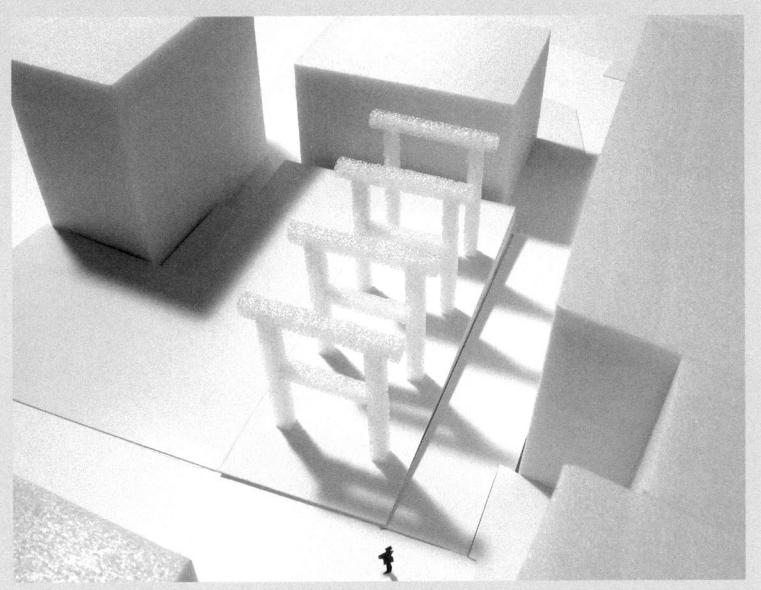

柱と床　コンセプト模型

イアウトする。そして真ん中の詳細図が、竣工前と竣工後を結びつける。

　「e-HOUSE」では、数枚のスクリーンがふろしきのように家族の生活を包み込む。設計しているとき、スクリーンの中にあるのはずっと空間だと思っていた。だが、上棟したころからそこに風が通り抜けるような不思議な広がりを感じ始める。それはどんどん透明感を増し、ついにはその中にある家族の生活が主役になっていく。空間はいつの間にか溶けてなくなり、「つつむもの」は生活の揺りかごとなる。

　敷地や建設費などの条件がより厳しい「柱と床」では、空間をそのままつくったらとても狭くて余裕のない住宅になっただろう。地面から立ち上がる柱が生活の手掛かりを生み出し、その上に架かる床は生まれたばかりの手掛かりを育んでいく。外壁は荷重を受け持たないカーテンウォールとして現実の内外を間仕切るだけであり、「たちあがるもの」のイメージは空間を媒介しないがゆえに実体や面積などの数字に制約を受けず、その向こうへと流れ出す。

　この2つの住宅は、私たちの興味が空間から「もの」へと移行する過程の振れ幅の上にある。空間的にはまったく違うにもかかわらず、「もの」に軸足を置いてみると、それぞれの竣工後の住まい方は驚くほど似ていることが分かるだろう。

　写真を主体としたメディアによって建築が理解された20世紀を経て、すべてを手に取ることができるような小さな世界はすでに存在しない。抽象化という空間の洗練は息苦しいほどだ。非物質化の大きな流れの中で、これまで「もの」は閉ざされたフェティシズムでしかあり得なかった。しかし、「つつむもの」と「たちあがるもの」が人の感情を揺り動かし、機能の手掛かりを生み出したことは、空間への過大な依存によって硬直した現代の建築に風穴を穿つ。これは、「もの」の力を住宅に再生させる試行錯誤なのだ。

福島加津也＋冨永祥子

e-HOUSE

福島加津也＋冨永祥子建築設計事務所

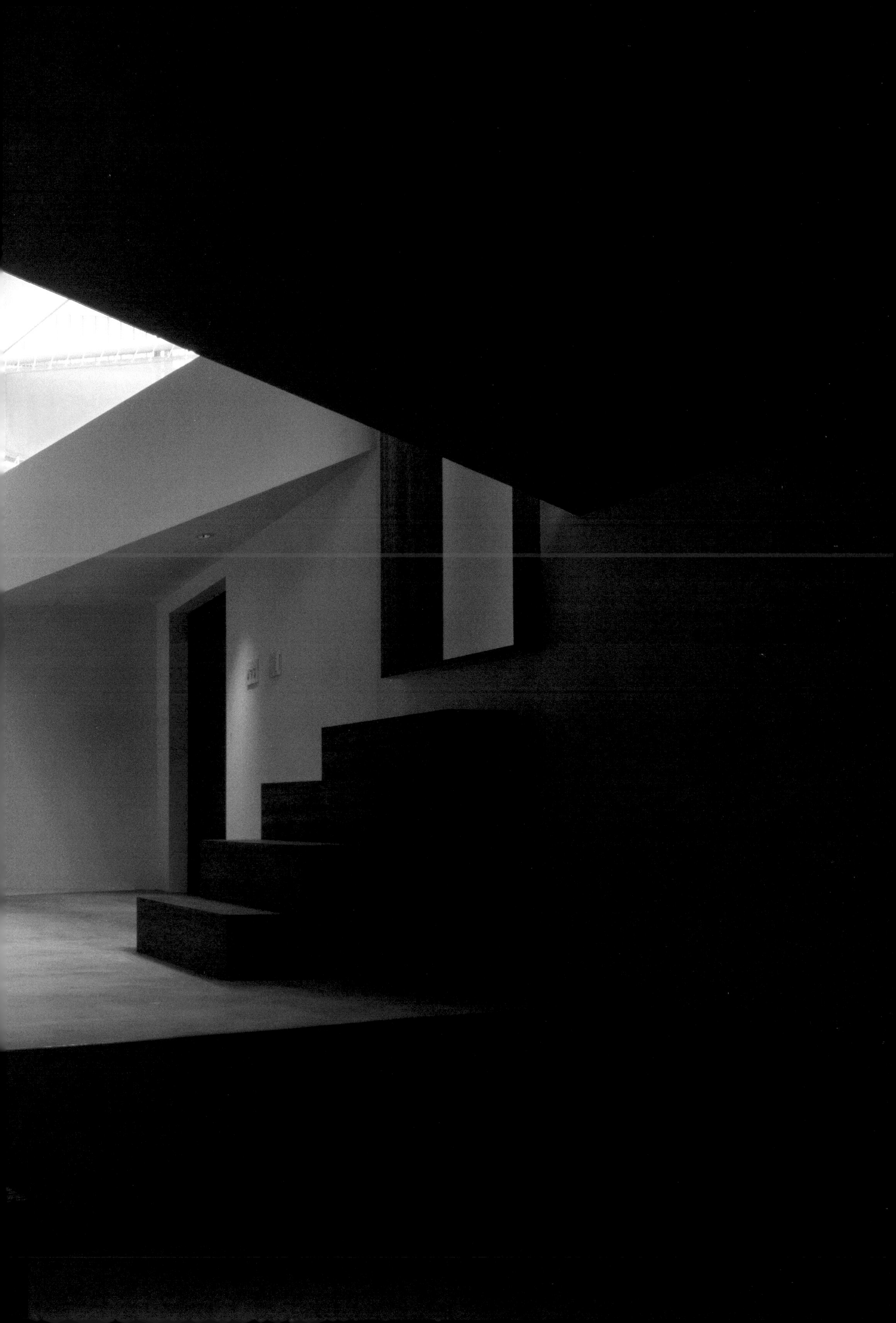

つつむもの

　東京でも有数の住宅密集地に建つ、3人家族のための住宅である。周辺の道路はとても狭く、隣の家まで覗き込めそうなほどだ。しかしその狭さゆえ車もあまり通らず、近所の人が立ち話をしていたり、子供たちの小さな野球場になるような親密さがある。敷地は約12×9mの矩形の角地、敷地内の高低差が80cmほどの傾斜地になっていた。

　施主からは面積や部屋数など数量的な要望は一切なく、その代わりにこの住宅に対する夢の断片のような数十項目の短文集を渡された。もちろん、個々の項目を読み込んでいくとそれぞれに大きな矛盾があり、何より総量として1つの住宅にはとても収まらない。ただ、これまでの住宅の常識にとらわれない、大らかで自由な魅力を持っていた。

　このイメージを実現するためには、硬直した既成概念を一度取り払うことが必要だ。たくさんの夢の断片を、できるだけそのままにふろしきのように包み込む。少しくらいはみ出したって構わない。具体的には内外を区切る外壁と透光性のあるエキスパンドメタル、ポリエステルのメッシュシートの3種類のスクリーンを重ね合わせて、機能や視線を慎重に調整している。最も大事な入浴空間を回遊するように、各フロアが敷地の高低差を生かしてらせん状に上下する。それぞれのスクリーンには綻びがあり、その隙間から次のフロアへと緩やかに連鎖していく。

　ふろしきのようなスクリーンを設計するのはとても骨の折れる作業だった。だが、それは放埒ともいえる家族の生活を軽々と包み込んでいる。

　　　　　　　　　　　　　　　　福島加津也

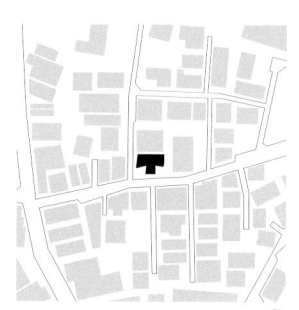

配置　1/3000

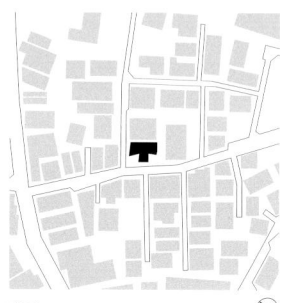

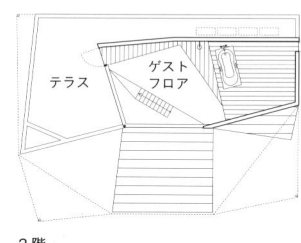

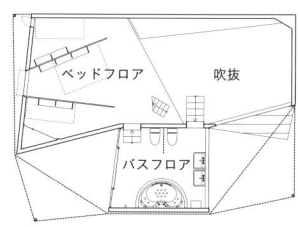

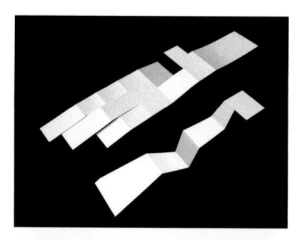

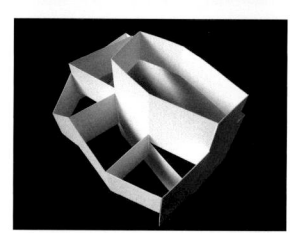

コンセプト模型

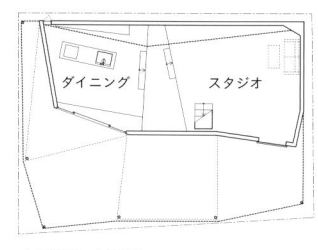

3階

2階

1階平面　1/300

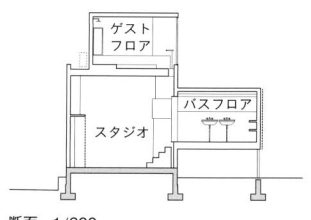

断面　1/300

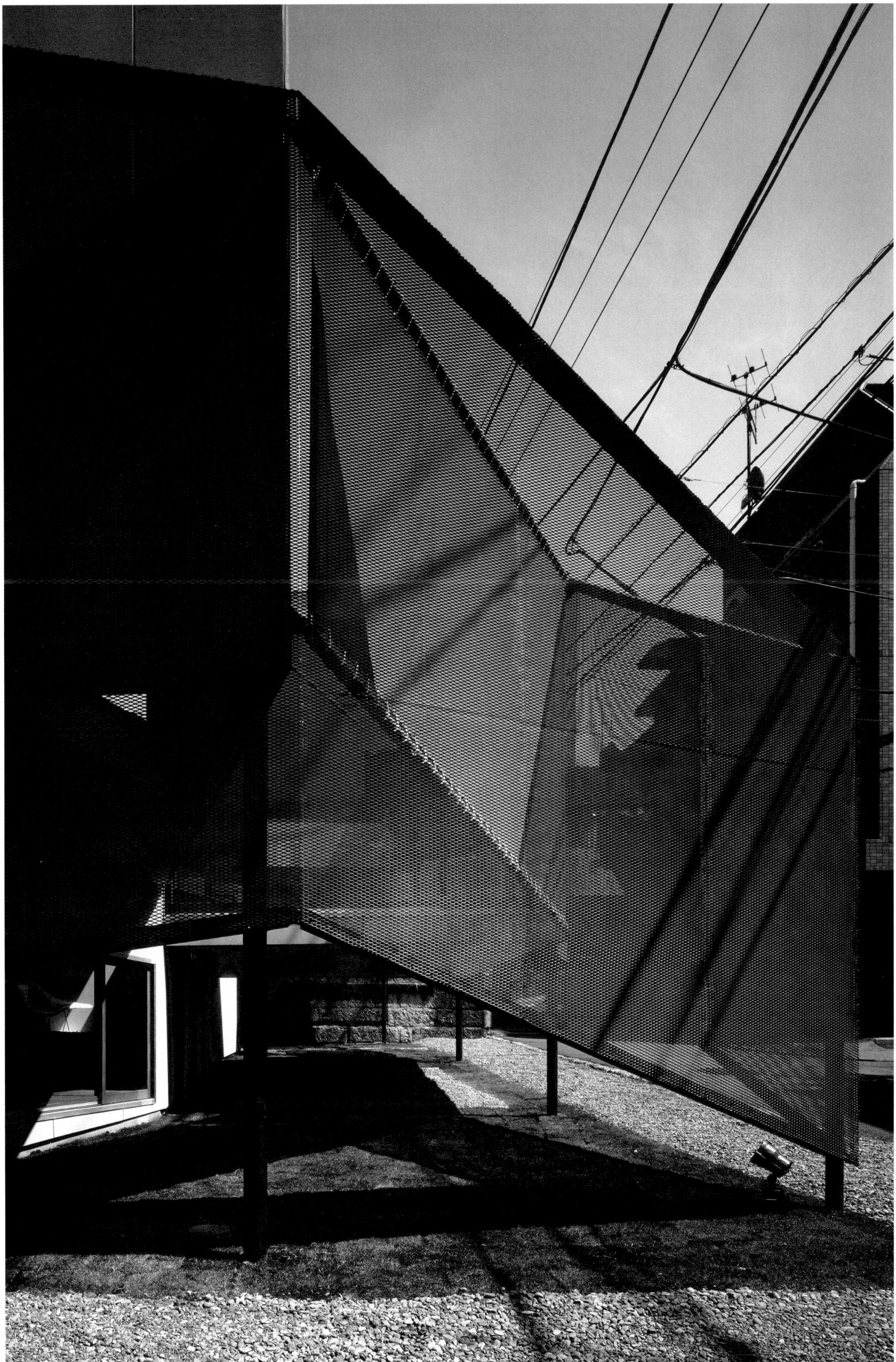

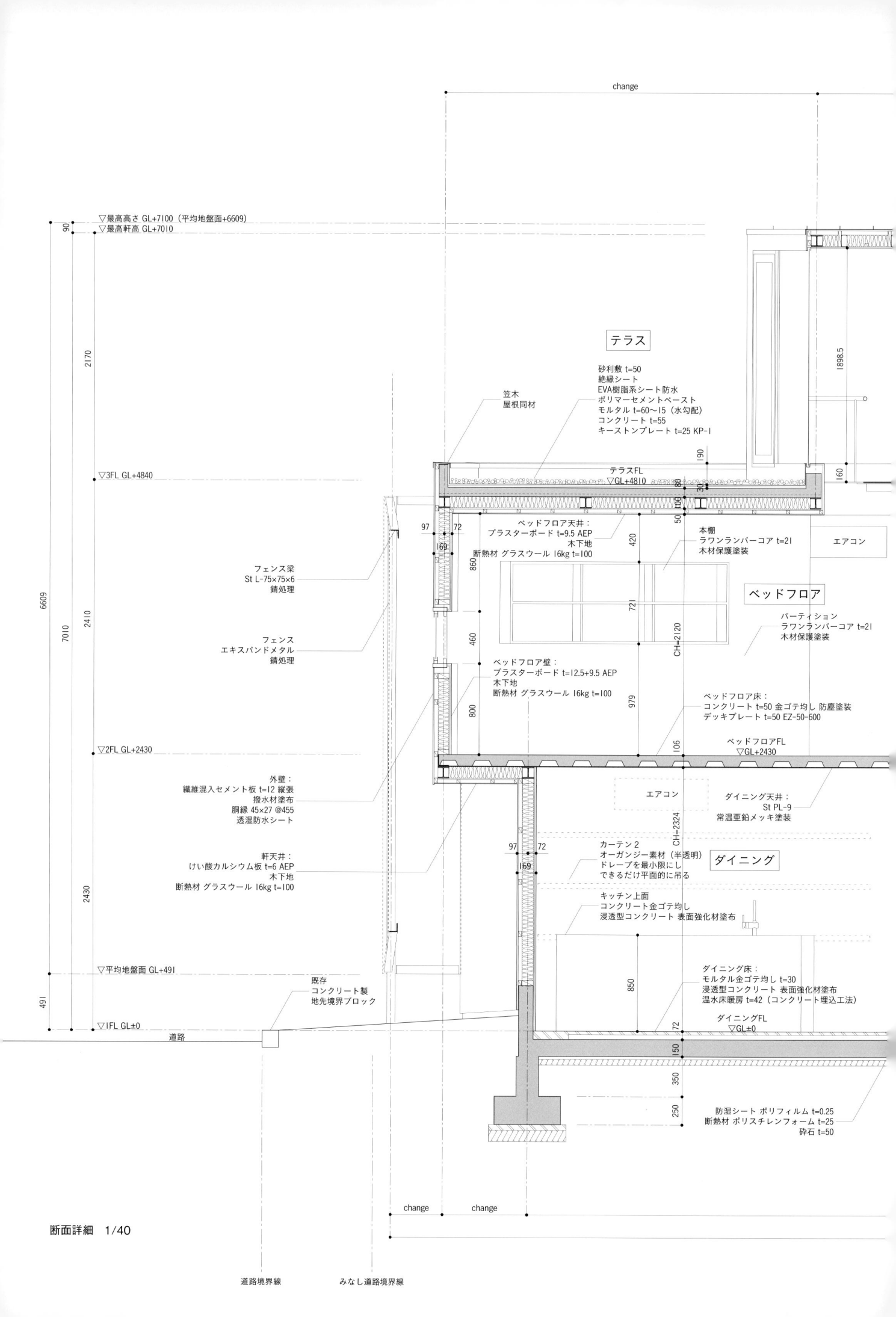

断面詳細 1/40

▽最高高さ GL+7100 (平均地盤面+6609)
▽最高軒高 GL+7010

▽3FL GL+4840

▽2FL GL+2430

▽平均地盤面 GL+491

▽1FL GL±0

道路

既存
コンクリート製
地先境界ブロック

道路境界線　みなし道路境界線

change

テラス

砂利敷 t=50
絶縁シート
EVA樹脂系シート防水
ポリマーセメントペースト
モルタル t=60～15 (水勾配)
コンクリート t=55
キーストンプレート t=25 KP-1

笠木
屋根同材

テラスFL
▽GL+4810

ベッドフロア天井：
プラスターボード t=9.5 AEP
木下地
断熱材 グラスウール 16kg t=100

本棚
ラワンランバーコア t=21
木材保護塗装

エアコン

ベッドフロア

フェンス梁
St L-75×75×6
錆処理

パーティション
ラワンランバーコア t=21
木材保護塗装

フェンス
エキスパンドメタル
錆処理

CH=2120

ベッドフロア壁：
プラスターボード t=12.5+9.5 AEP
木下地
断熱材 グラスウール 16kg t=100

ベッドフロア床：
コンクリート t=50 金ゴテ均し 防塵塗装
デッキプレート t=50 EZ-50-600

ベッドフロアFL
▽GL+2430

外壁：
繊維混入セメント板 t=12 縦張
撥水材塗布
胴縁 45×27 @455
透湿防水シート

エアコン

ダイニング天井：
St PL-9
常温亜鉛メッキ塗装

CH=2324

軒天井：
けい酸カルシウム板 t=6 AEP
木下地
断熱材 グラスウール 16kg t=100

ダイニング

カーテン2
オーガンジー素材 (半透明)
ドレープを最小限にし
できるだけ平面的に吊る

キッチン上面
コンクリート金ゴテ均し
浸透型コンクリート 表面強化材塗布

ダイニング床：
モルタル金ゴテ均し t=30
浸透型コンクリート 表面強化材塗布
温水床暖房 t=42 (コンクリート埋込工法)

ダイニングFL
▽GL±0

防湿シート ポリフィルム t=0.25
断熱材 ポリスチレンフォーム t=25
砕石 t=50

change

change

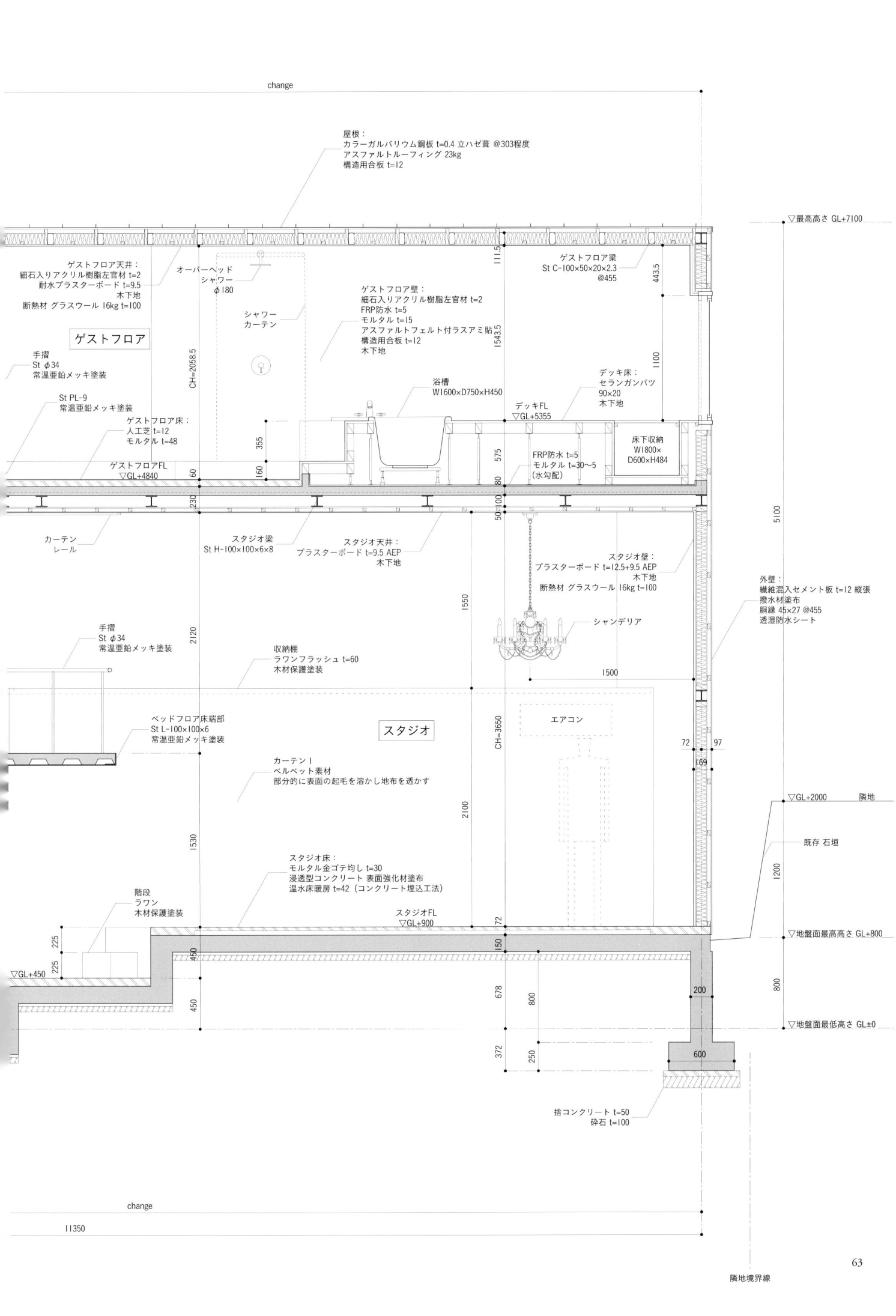

屋根：
カラーガルバリウム鋼板 t=0.4 立ハゼ葺 @303程度
アスファルトルーフィング 23kg
構造用合板 t=12

▽最高高さ GL+7100

ゲストフロア天井：
細石入りアクリル樹脂左官材 t=2
耐水プラスターボード t=9.5
木下地
断熱材 グラスウール 16kg t=100

オーバーヘッド
シャワー
φ180

ゲストフロア壁：
細石入りアクリル樹脂左官材 t=2
FRP防水 t=5
モルタル t=15
アスファルトフェルト付ラスアミ貼
構造用合板 t=12
木下地

ゲストフロア梁
St C-100×50×20×2.3
@455

ゲストフロア

手摺
St φ34
常温亜鉛メッキ塗装

CH=2058.5

シャワー
カーテン

浴槽
W1600×D750×H450

デッキ床：
セランガンバツ
90×20
木下地

St PL-9
常温亜鉛メッキ塗装

ゲストフロア床：
人工芝 t=12
モルタル t=48

デッキFL
▽GL+5355

床下収納
W1800×
D600×H484

ゲストフロアFL
▽GL+4840

FRP防水 t=5
モルタル t=30～5
（水勾配）

カーテン
レール

スタジオ梁
St H-100×100×6×8

スタジオ天井：
プラスターボード t=9.5 AEP
木下地

スタジオ壁：
プラスターボード t=12.5+9.5 AEP
木下地
断熱材 グラスウール 16kg t=100

外壁：
繊維混入セメント板 t=12 縦張
撥水材塗布
胴縁 45×27 @455
透湿防水シート

手摺
St φ34
常温亜鉛メッキ塗装

収納棚
ラワンフラッシュ t=60
木材保護塗装

シャンデリア

ベッドフロア床端部
St L-100×100×6
常温亜鉛メッキ塗装

スタジオ

カーテン1
ベルベット素材
部分的に表面の起毛を溶かし地布を透かす

エアコン

CH=3650

▽GL+2000　隣地

既存 石垣

階段
ラワン
木材保護塗装

スタジオ床：
モルタル金ゴテ均し t=30
浸透型コンクリート 表面強化材塗布
温水床暖房 t=42（コンクリート埋込工法）

スタジオFL
▽GL+900

▽地盤面最高高さ GL+800

▽GL+450

▽地盤面最低高さ GL±0

捨コンクリート t=50
砕石 t=100

change
11350

隣地境界線

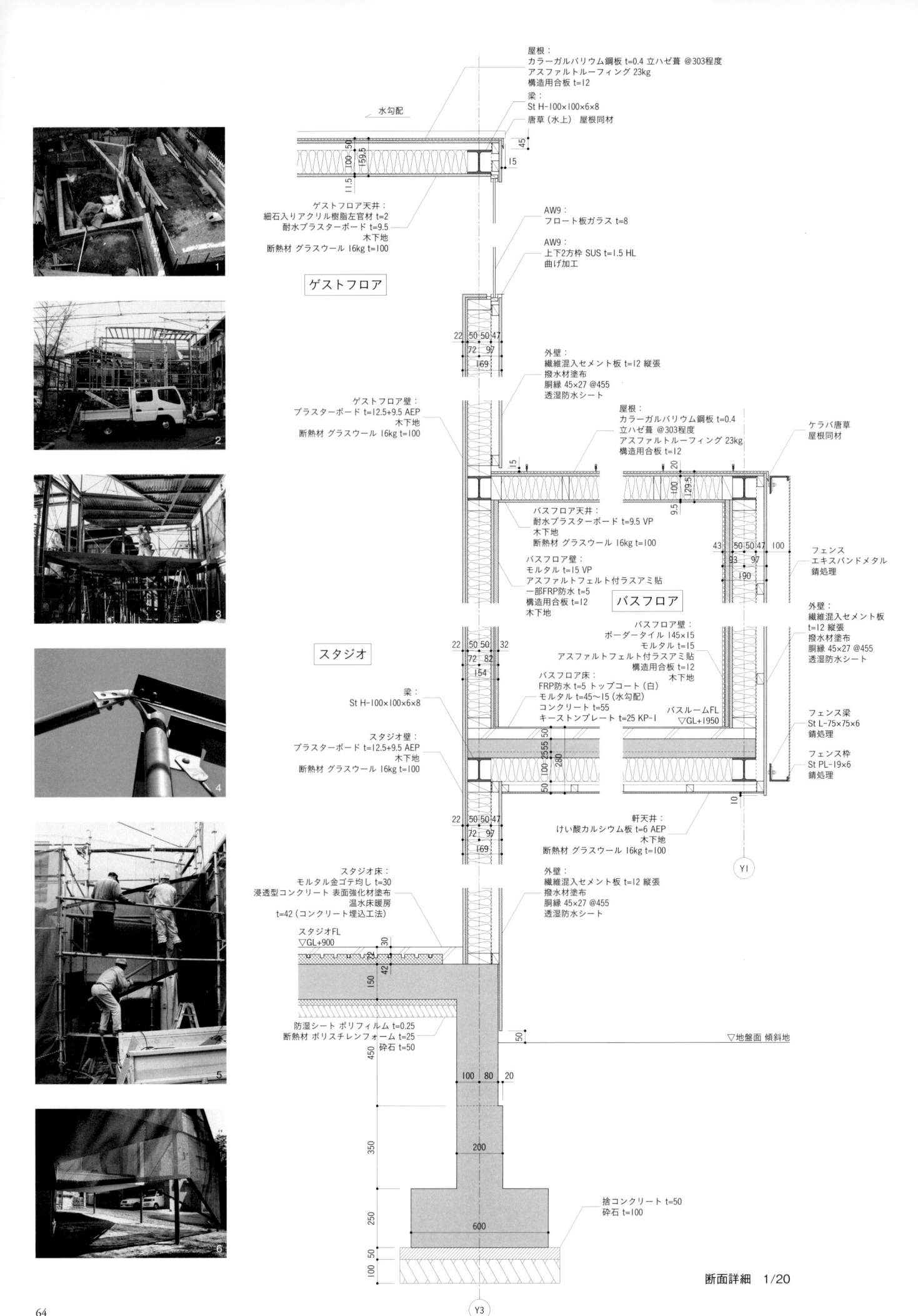

屋根:
カラーガルバリウム鋼板 t=0.4 立ハゼ葺 @303程度
アスファルトルーフィング 23kg
構造用合板 t=12
梁:
St H-100×100×6×8
唐草(水上) 屋根同材

水勾配

ゲストフロア天井:
細石入りアクリル樹脂左官材 t=2
耐水プラスターボード t=9.5
木下地
断熱材 グラスウール 16kg t=100

ゲストフロア

AW9:
フロート板ガラス t=8

AW9:
上下2方枠 SUS t=1.5 HL
曲げ加工

外壁:
繊維混入セメント板 t=12 縦張
撥水材塗布
胴縁 45×27 @455
透湿防水シート

ゲストフロア壁:
プラスターボード t=12.5+9.5 AEP
木下地
断熱材 グラスウール 16kg t=100

屋根:
カラーガルバリウム鋼板 t=0.4
立ハゼ葺 @303程度
アスファルトルーフィング 23kg
構造用合板 t=12

ケラバ唐草
屋根同材

バスフロア天井:
耐水プラスターボード t=9.5 VP
木下地
断熱材 グラスウール 16kg t=100

バスフロア

バスフロア壁:
モルタル t=15 VP
アスファルトフェルト付ラスアミ貼
一部FRP防水 t=5
構造用合板 t=12
木下地

フェンス
エキスパンドメタル
錆処理

外壁:
繊維混入セメント板
t=12 縦張
撥水材塗布
胴縁 45×27 @455
透湿防水シート

スタジオ

バスフロア壁:
ボーダータイル 145×15
モルタル t=15
アスファルトフェルト付ラスアミ貼
構造用合板 t=12
木下地

バスフロア床:
FRP防水 t=5 トップコート(白)
モルタル t=45〜15 (水勾配)
コンクリート t=55
キーストンプレート t=25 KP-1

バスルームFL
▽GL+1950

梁:
St H-100×100×6×8

フェンス梁
St L-75×75×6
錆処理

スタジオ壁:
プラスターボード t=12.5+9.5 AEP
木下地
断熱材 グラスウール 16kg t=100

フェンス枠
St PL-19×6
錆処理

軒天井:
けい酸カルシウム板 t=6 AEP
木下地
断熱材 グラスウール 16kg t=100

スタジオ床:
モルタル金ゴテ均し t=30
浸透型コンクリート 表面強化材塗布
温水床暖房
t=42 (コンクリート埋込工法)

外壁:
繊維混入セメント板 t=12 縦張
撥水材塗布
胴縁 45×27 @455
透湿防水シート

スタジオFL
▽GL+900

▽地盤面 傾斜地

防湿シート ポリフィルム t=0.25
断熱材 ポリスチレンフォーム t=25
砕石 t=50

捨コンクリート t=50
砕石 t=100

断面詳細 1/20

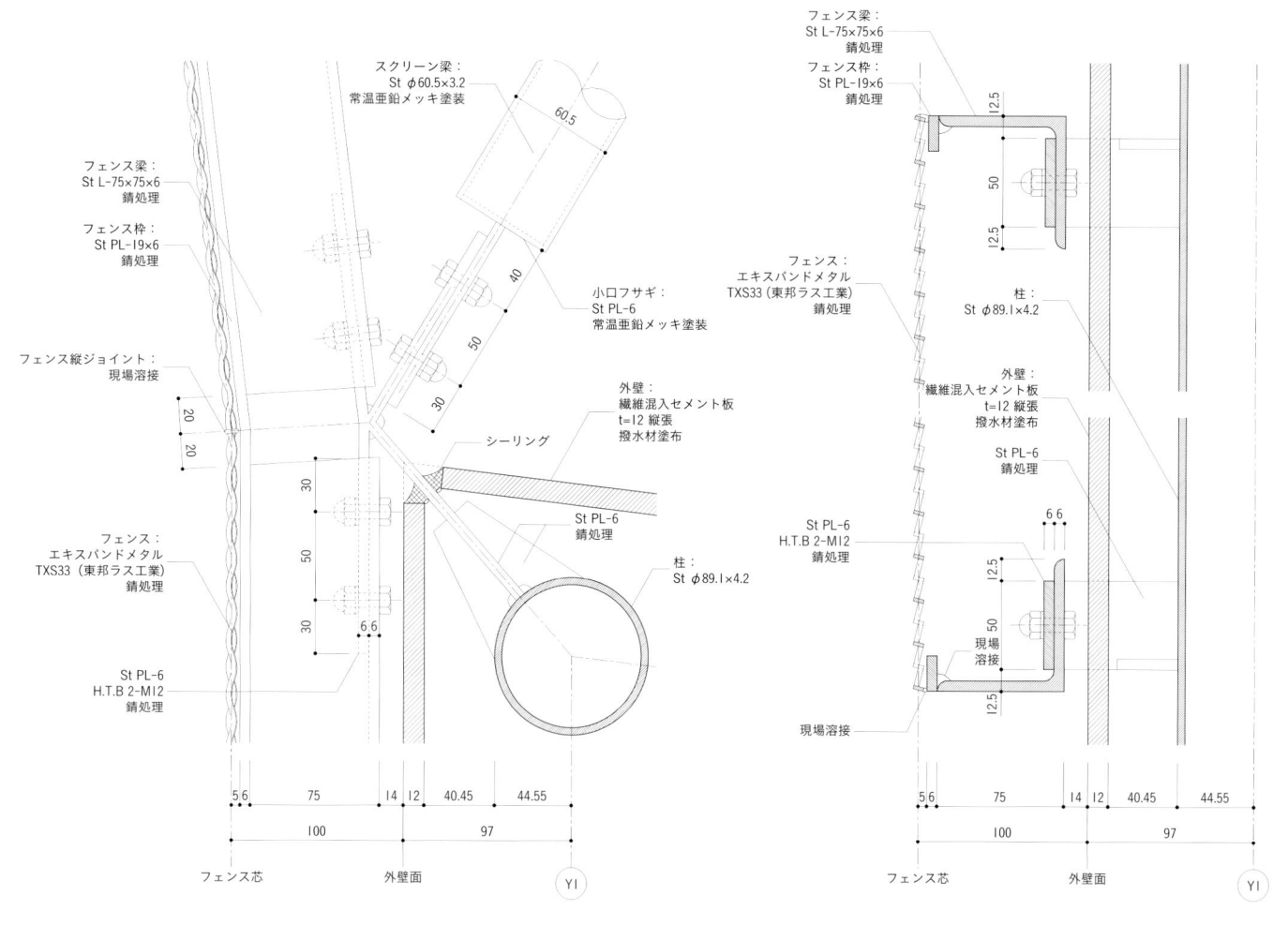

フェンス平面詳細 1/4

- フェンス梁：St L-75×75×6 錆処理
- フェンス枠：St PL-19×6 錆処理
- スクリーン梁：St φ60.5×3.2 常温亜鉛メッキ塗装
- フェンス縦ジョイント：現場溶接
- 小口フサギ：St PL-6 常温亜鉛メッキ塗装
- 外壁：繊維混入セメント板 t=12 縦張 撥水材塗布
- シーリング
- St PL-6 錆処理
- フェンス：エキスパンドメタル TXS33（東邦ラス工業）錆処理
- 柱：St φ89.1×4.2
- St PL-6 H.T.B 2-M12 錆処理

フェンス芯 / 外壁面 / Y1

フェンス断面詳細 1/4

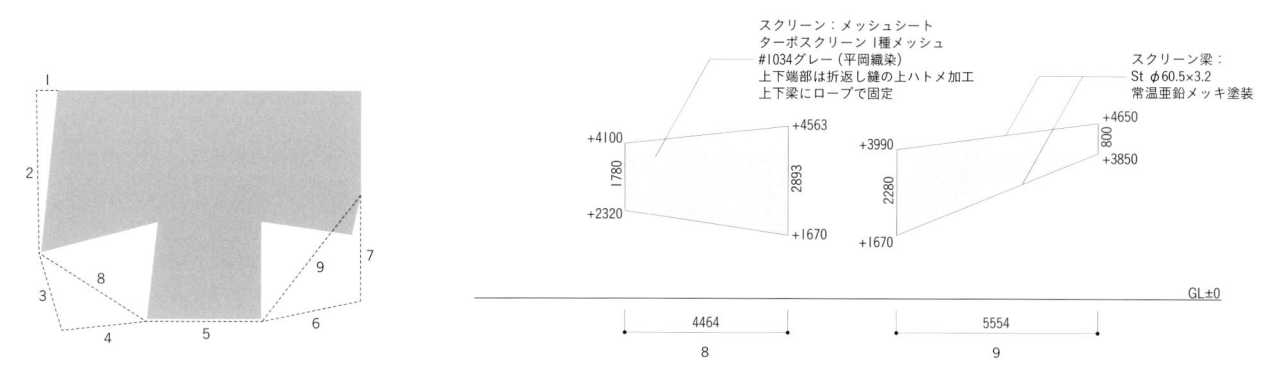

- フェンス梁：St L-75×75×6 錆処理
- フェンス枠：St PL-19×6 錆処理
- フェンス：エキスパンドメタル TXS33（東邦ラス工業）錆処理
- 柱：St φ89.1×4.2
- 外壁：繊維混入セメント板 t=12 縦張 撥水材塗布
- St PL-6 錆処理
- St PL-6 H.T.B 2-M12 錆処理
- 現場溶接

フェンス芯 / 外壁面 / Y1

スクリーン立面 1/200

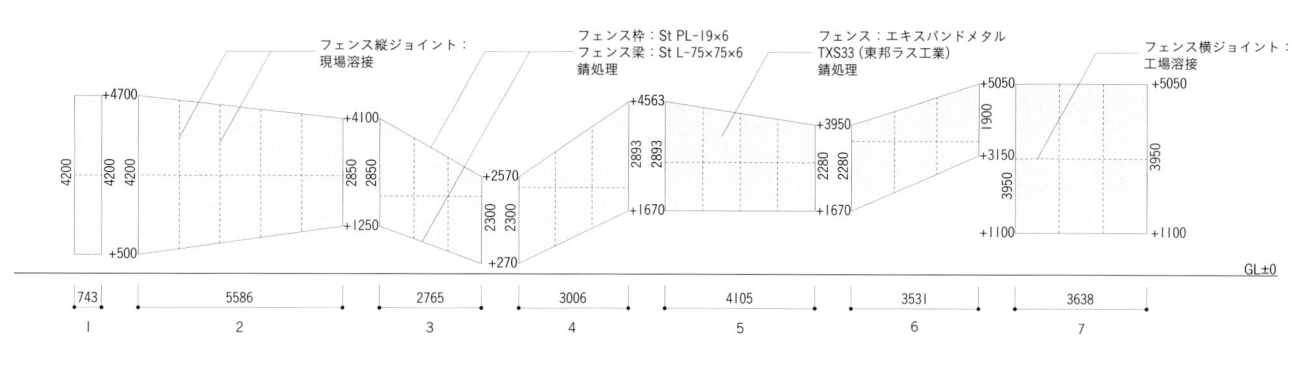

- スクリーン：メッシュシート ターポスクリーン I種メッシュ #1034グレー（平岡織染）上下端部は折返し縫の上ハトメ加工 上下梁にロープで固定
- スクリーン梁：St φ60.5×3.2 常温亜鉛メッキ塗装

フェンス立面 1/200

- フェンス縦ジョイント：現場溶接
- フェンス枠：St PL-19×6
- フェンス梁：St L-75×75×6 錆処理
- フェンス：エキスパンドメタル TXS33（東邦ラス工業）錆処理
- フェンス横ジョイント：工場溶接

階段断面詳細　1/25

手摺：
St φ34
常温亜鉛メッキ塗装

階段最上段：
St 縞鋼板 t=9
常温亜鉛メッキ塗装

▽ゲストフロアFL GL+4840

手摺子：
St φ16
常温亜鉛メッキ塗装

段板：
St 縞鋼板 t=4.5 曲げ加工
常温亜鉛メッキ塗装

St T-75×75×5×7
常温亜鉛メッキ塗装

手摺：
St φ34
常温亜鉛メッキ塗装

手摺子：
St φ16
常温亜鉛メッキ塗装

脚部B-PL：
St PL-6 W=75

脚部B-PL：
St PL-6 W=180

ベッドフロア床：
防塵塗装
コンクリート t=50 金ゴテ均し
デッキプレート t=50 EZ-50-600

▽ベッドフロアFL GL+2430

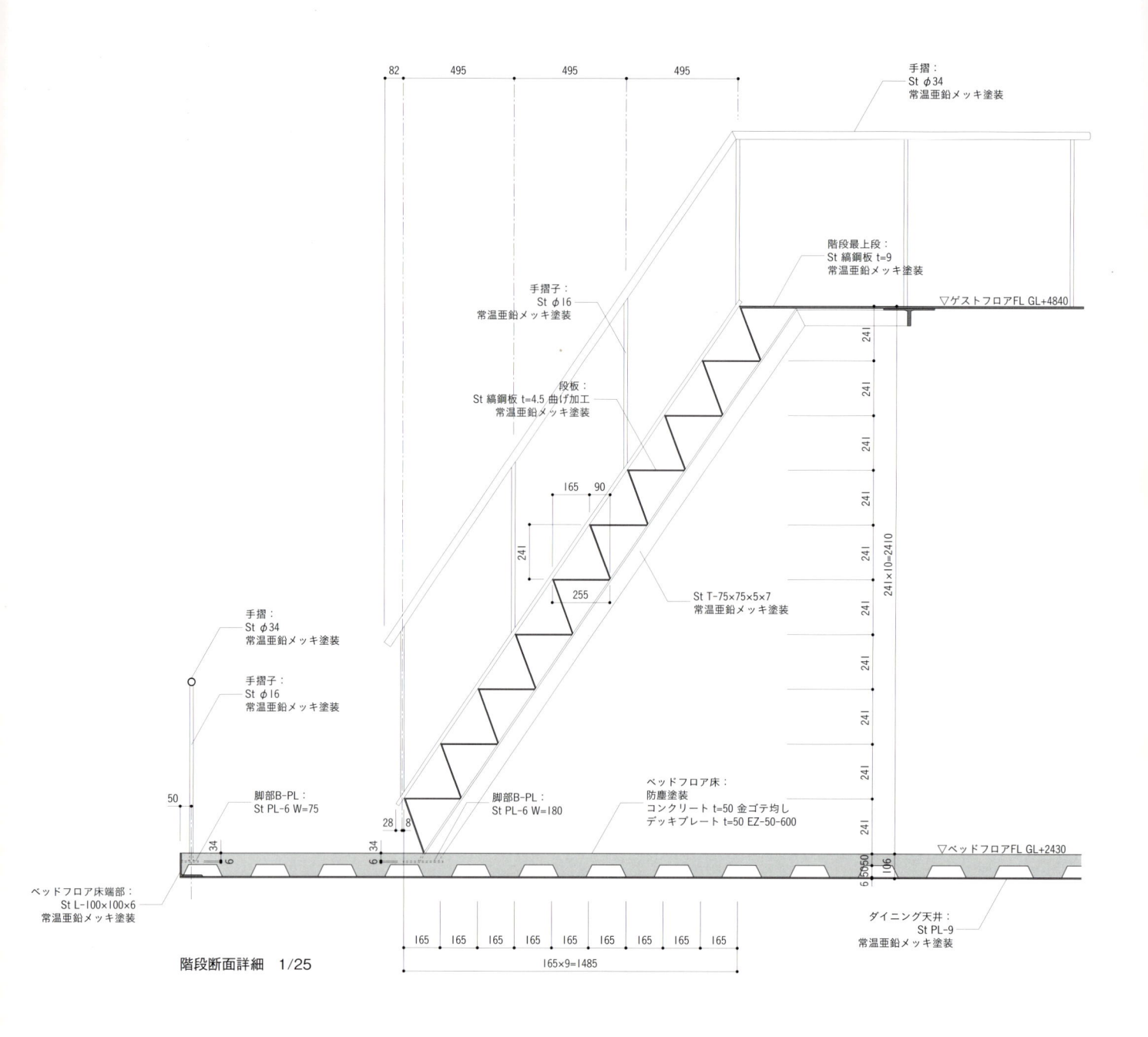

ベッドフロア床端部：
St L-100×100×6
常温亜鉛メッキ塗装

ダイニング天井：
St PL-9
常温亜鉛メッキ塗装

左：2階ベッドフロアから左側に1階スタジオ、右側にバスフロアを見る。手前の階段は3階のゲストフロアへ行くためのもの
次頁：1階スタジオから下にダイニング、上に2階ベッドフロアを見る。左側手前の木製の階段を上がると、バスフロアに通じる。スタジオの天井高は3650mm、2階床の厚さは106mm

これらの2枚の写真は、竣工してから約1年後に撮影されたもの

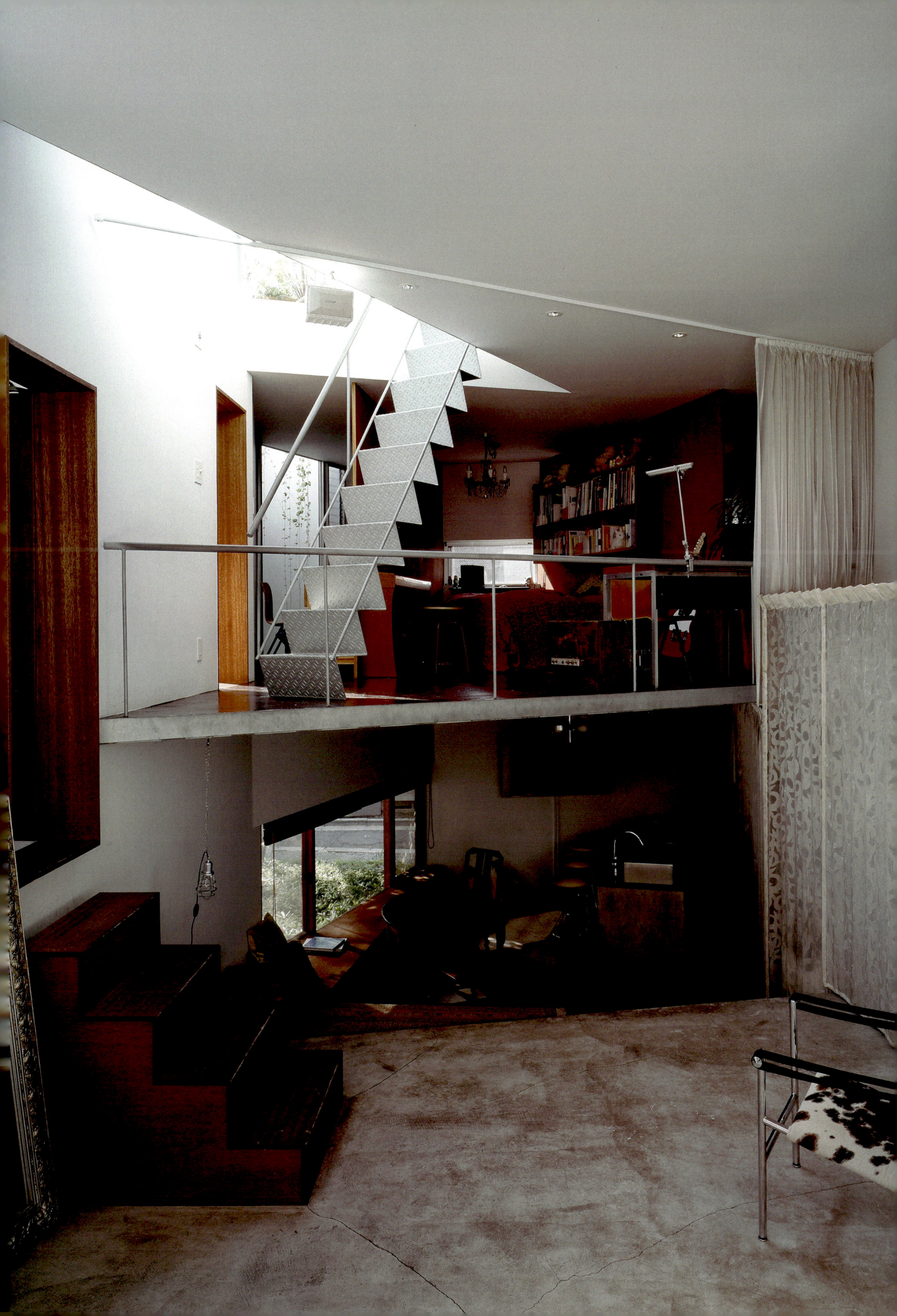

柱と床

福島加津也＋冨永祥子建築設計事務所

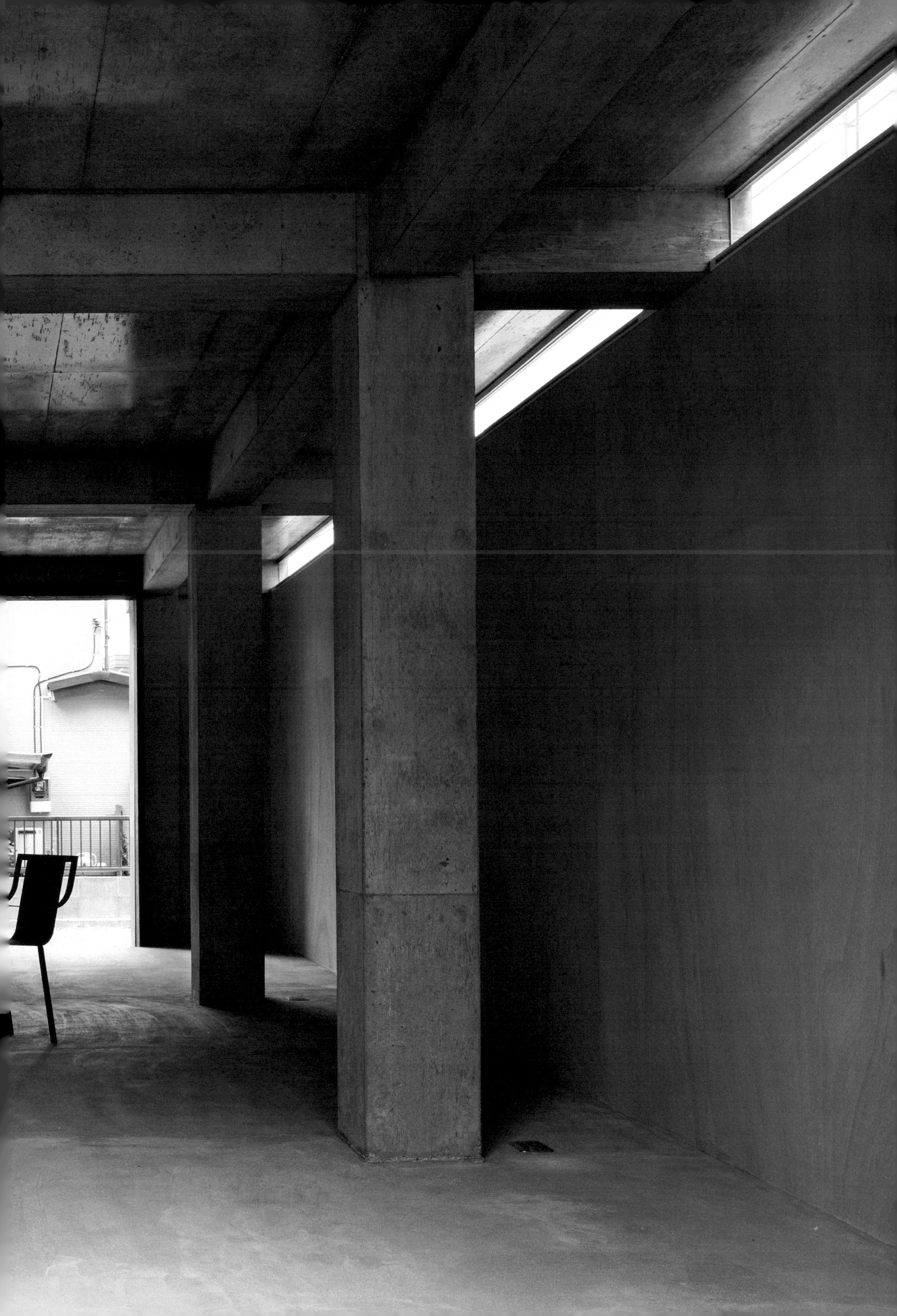

たちあがるもの

　「e-HOUSE」と同様、いささか景観的な秩序に乏しい東京の住宅密集地にある。敷地は約5×14mと細長く平坦で、短辺の1つしか道路に面していない。3階まで上がればなんとか近くの緑道が見える、という状況だ。計画時の家族構成は夫婦と子供1人。そしてまだ若い彼らは、将来起こり得る家族の変化を許容する大きな体積を求めていた。

　限られた建設費と敷地の中で、できるだけ大きくつくるためにはRCのラーメン構造が最も適していた。さらに、柱を外壁から90cmほど室内側に寄せることによって柱梁接合部の配筋が整理され、基礎の地盤改良もコンパクトになる。30cm角の8本の柱が2.6×3.0mのグリッドに立ち上がり、厚さ10cmの2枚の床を支える。周辺への眺めが開ける3階は、ペントハウスのようなイメージで、リラックスした木造の箱が載る。

　この構成は、厳しい条件をとても合理的に解決している。しかし、実は計画が始まったときからすでにイメージされたものでもあった。空間ではなく「たちあがるもの」に住むというコンセプトは、最初期の模型に強く表れているだろう。

　それぞれの部材は鉄筋コンクリートという素材の性質から見て、最小限といえるほどに贅肉がそぎ落とされている。そのため、立ち上がる柱は掘立柱の力強さと、木造の独立柱のように家族に寄り添うイメージを併せ持つ。そして生活のさまざまな手掛かりとなり、建築家の想像力を飛び越えていく。

　　　　　　　　　　　　　　　福島加津也

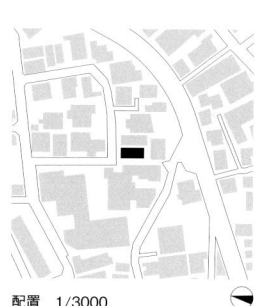

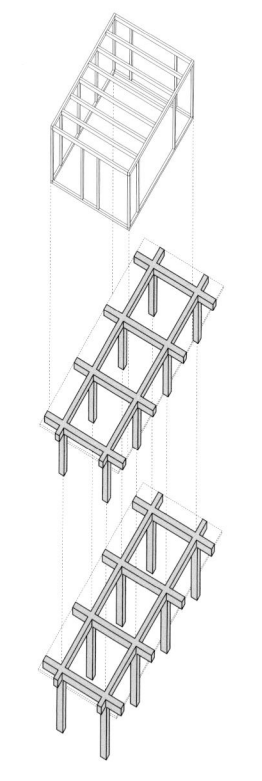

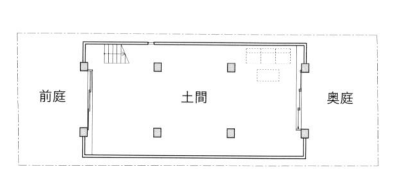

配置 1/3000

アクソメ

3階

2階

1階平面 1/300

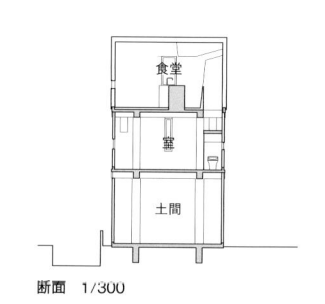

断面 1/300

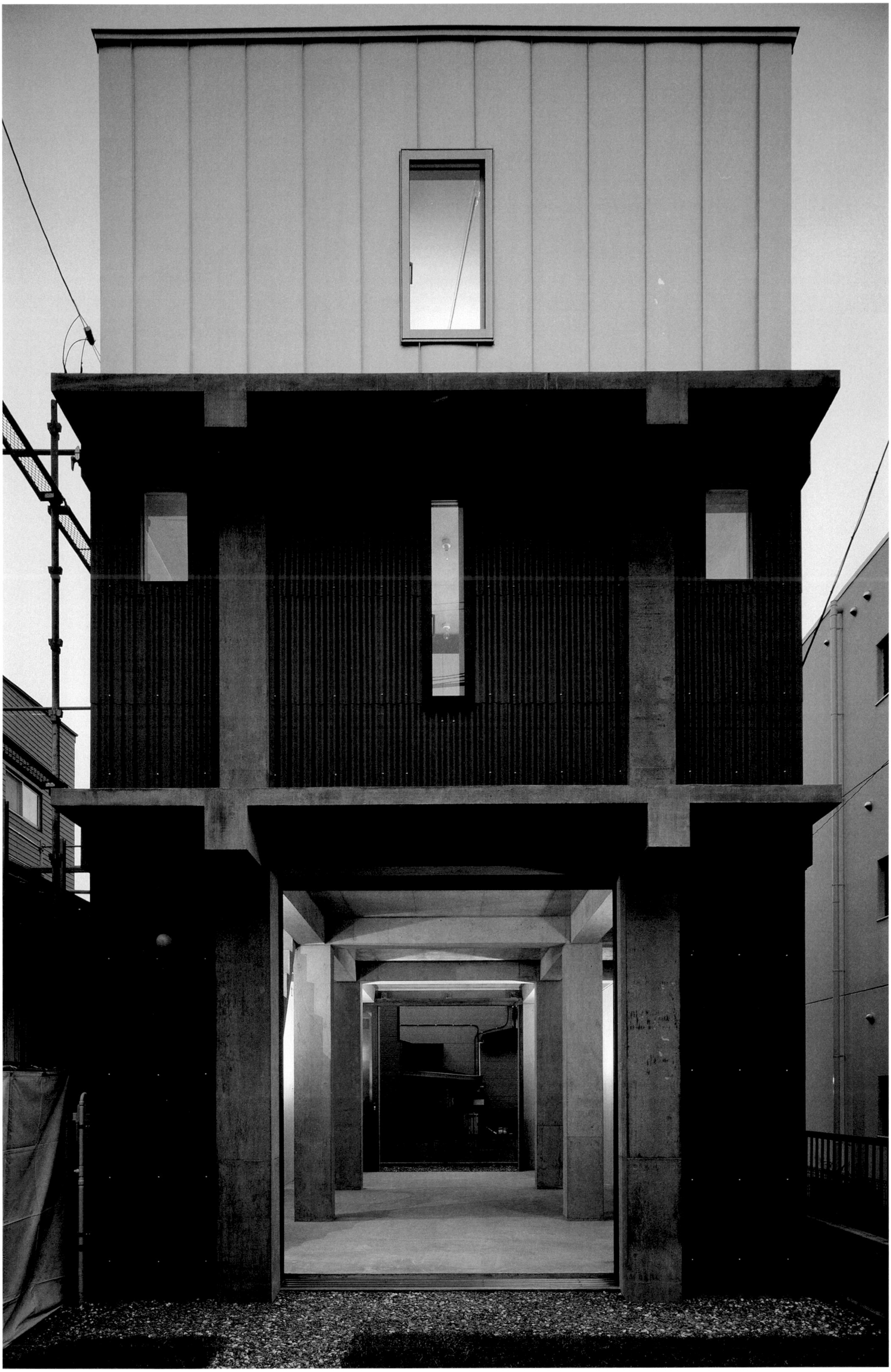

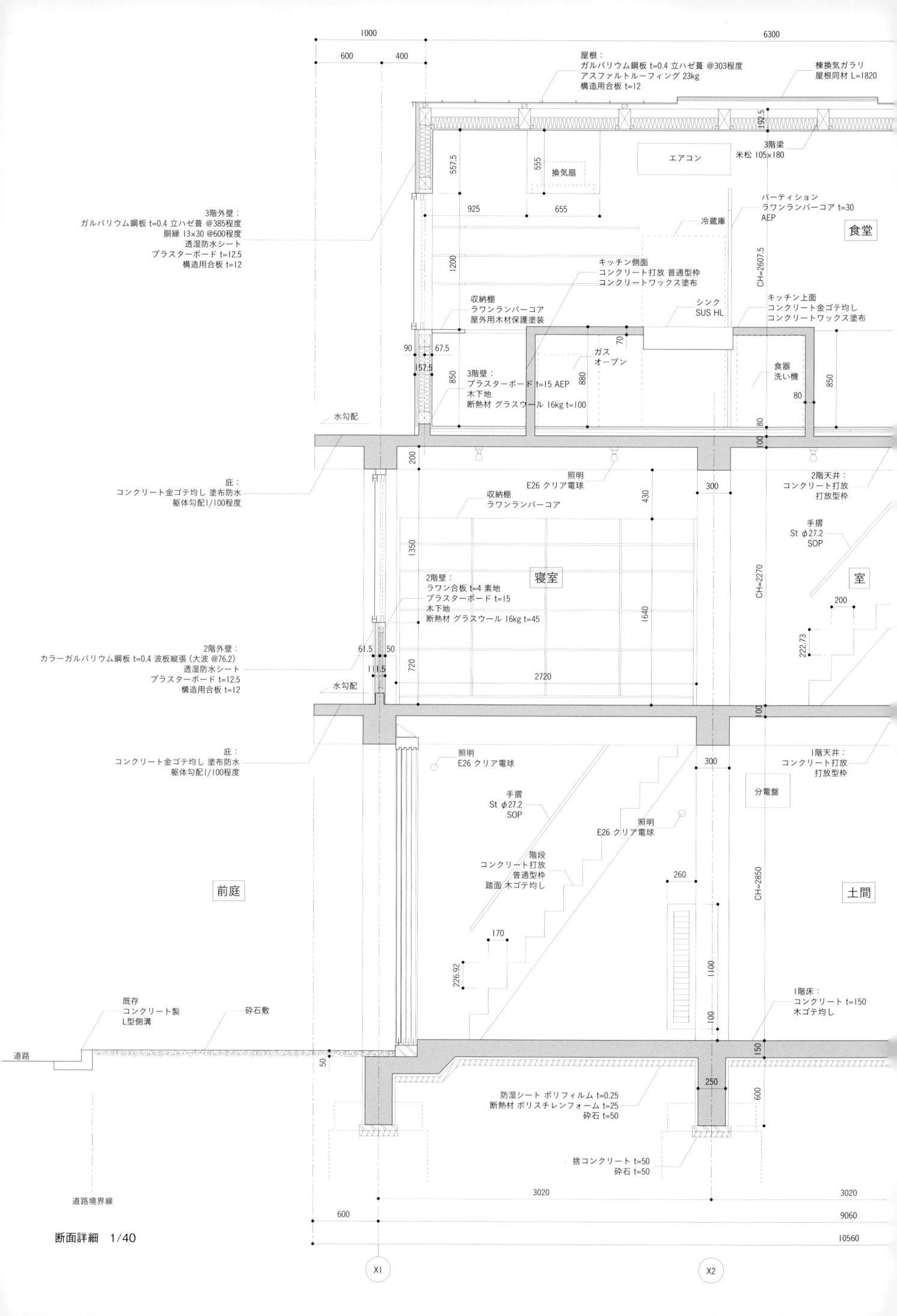

断面詳細 1/40

屋根:
ガルバリウム鋼板 t=0.4 立ハゼ葺 @303程度
アスファルトルーフィング 23kg
構造用合板 t=12

棟換気ガラリ
屋根同材 L=1820

3階梁
米松 105×180

パーティション
ラワンランバーコア t=30
AEP

食堂

換気扇
エアコン
冷蔵庫

CH=2607.5

3階外壁:
ガルバリウム鋼板 t=0.4 立ハゼ葺 @385程度
胴縁 13×30 @600程度
透湿防水シート
プラスターボード t=12.5
構造用合板 t=12

キッチン側面
コンクリート打放 普通型枠
コンクリートワックス塗布

シンク
SUS HL

キッチン上面
コンクリート金ゴテ均し
コンクリートワックス塗布

収納棚
ラワンランバーコア
屋外用木材保護塗装

ガス
オーブン

食器
洗い機

3階壁:
プラスターボード t=15 AEP
木下地
断熱材 グラスウール 16kg t=100

水勾配

庇:
コンクリート金ゴテ均し
塗布防水
躯体勾配1/100程度

照明
E26 クリア電球

2階天井:
コンクリート打放
打放型枠

収納棚
ラワンランバーコア

手摺
St φ27.2
SOP

寝室

室

2階壁:
ラワン合板 t=4 素地
プラスターボード t=15
木下地
断熱材 グラスウール 16kg t=45

CH=2270

2階外壁:
カラーガルバリウム鋼板 t=0.4 波板縦張（大波 @76.2）
透湿防水シート
プラスターボード t=12.5
構造用合板 t=12

水勾配

庇:
コンクリート金ゴテ均し
塗布防水
躯体勾配1/100程度

照明
E26 クリア電球

手摺
St φ27.2
SOP

階段
コンクリート打放
普通型枠
踏面 木ゴテ均し

照明
E26 クリア電球

1階天井:
コンクリート打放
打放型枠

分電盤

前庭

土間

CH=2850

既存
コンクリート製
L型側溝

砕石敷

道路

道路境界線

1階床:
コンクリート t=150
木ゴテ均し

防湿シート ポリフィルム t=0.25
断熱材 ポリスチレンフォーム t=25
砕石 t=50

捨コンクリート t=50
砕石 t=50

断面詳細図

上部・高さ関連
- ▽最高高さ GL+8400
- ▽最高軒高 GL+8300
- ▽3FL GL+5500
- ▽2FL GL+3050
- ▽1FL GL+100
- ▽地盤面 GL±0

3階天井：
強化プラスターボード t=12.5 AEP
木下地
断熱材 グラスウール 16kg t=100

ブレース

3階柱
米松 105×105
AEP

手摺
ラワン合板
AEP

3階床：
寄木張フローリング t=15
亜麻仁オイル床用塗装
下地合板 t=9
温水床暖房
（小根太入り温水マット）t=12
下地合板 t=12
断熱材 ポリスチレンフォーム t=32

2階梁：
コンクリート打放
普通型枠
300×300

2階柱：
コンクリート打放
普通型枠
300×300

2階床：
コンクリート t=100
金ゴテ均し
コンクリートワックス塗布

1階梁：
コンクリート打放
普通型枠
300×350

1階壁：
ラワン合板 t=4 素地
プラスターボード t=15
木下地
断熱材 グラスウール 16kg t=45

1階柱：
コンクリート打放
普通型枠
300×350

手摺
St φ27.2
SOP

エキスパンドメタル
SOP

上庭床：
セランガンバツ 90×20
塗布防水
コンクリート金ゴテ均し
躯体勾配1/100程度

アイボルト
SUS M10
×2箇所

浴室天井：
けい酸カルシウム板 t=6 VP
木下地
断熱材 グラスウール 16kg

中庭床：
砕石敷
塗布防水
コンクリート
金ゴテ均し
躯体勾配
1/100程度

浴室床：
FRP防水 t=3
シンダーコンクリート
金ゴテ均し t=30
温水床暖房 t=42
（コンクリート埋込工法）

手摺
St φ27.2
SOP

ベランダ床：
コンクリート金ゴテ均し 塗布防水
躯体勾配1/100程度

RC外部面：
コンクリート打放 普通型枠
浸透性コンクリート 撥水材塗布

水勾配

既存コンクリートブロック塀

砕石敷

フーチング

ラップルコンクリート

上庭 / 中庭 / 浴室 / ベランダ / 奥庭 / 隣地 / 隣地境界線

CH=2030

X3　X4

断面詳細 1/10

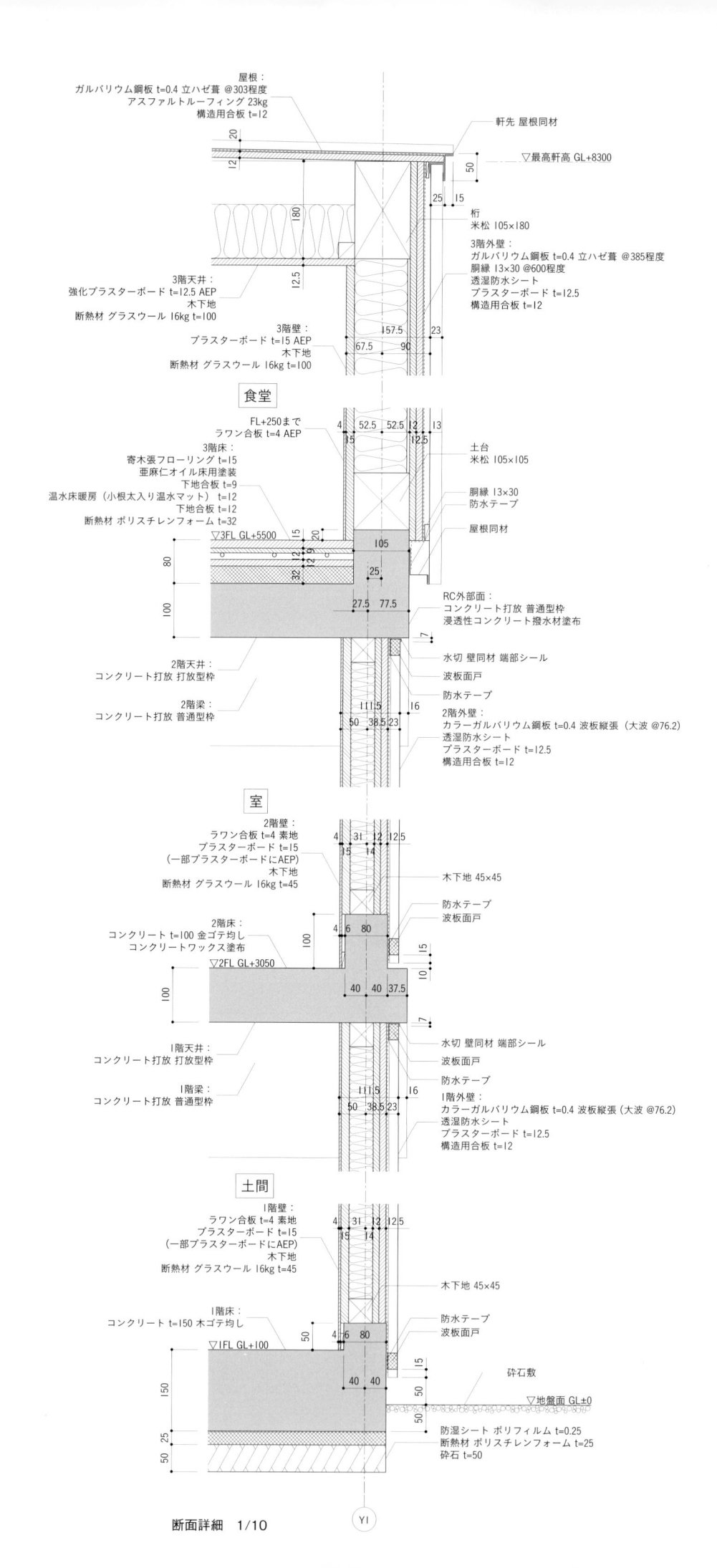

屋根:
ガルバリウム鋼板 t=0.4 立ハゼ葺 @303程度
アスファルトルーフィング 23kg
構造用合板 t=12

軒先 屋根同材

▽最高軒高 GL+8300

桁 米松 105×180

3階外壁:
ガルバリウム鋼板 t=0.4 立ハゼ葺 @385程度
胴縁 13×30 @600程度
透湿防水シート
プラスターボード t=12.5
構造用合板 t=12

3階天井:
強化プラスターボード t=12.5 AEP
木下地
断熱材 グラスウール 16kg t=100

3階壁:
プラスターボード t=15 AEP
木下地
断熱材 グラスウール 16kg t=100

食堂

FL+250まで
ラワン合板 t=4 AEP

土台 米松 105×105

3階床:
寄木張フローリング t=15
亜麻仁オイル床用塗装
温水床暖房 (小根太入り温水マット) t=12
下地合板 t=9
断熱材 ポリスチレンフォーム t=32

胴縁 13×30
防水テープ

▽3FL GL+5500

屋根同材

RC外部面:
コンクリート打放 普通型枠
浸透性コンクリート撥水材塗布

2階天井:
コンクリート打放 打放型枠

水切 壁同材 端部シール
波板面戸
防水テープ

2階梁:
コンクリート打放 普通型枠

2階外壁:
カラーガルバリウム鋼板 t=0.4 波板縦張 (大波 @76.2)
透湿防水シート
プラスターボード t=12.5
構造用合板 t=12

室

2階壁:
ラワン合板 t=4 素地
プラスターボード t=15
(一部プラスターボードにAEP)
木下地
断熱材 グラスウール 16kg t=45

木下地 45×45
防水テープ
波板面戸

2階床:
コンクリート t=100 金ゴテ均し
コンクリートワックス塗布

▽2FL GL+3050

1階天井:
コンクリート打放 打放型枠

水切 壁同材 端部シール
波板面戸
防水テープ

1階梁:
コンクリート打放 普通型枠

1階外壁:
カラーガルバリウム鋼板 t=0.4 波板縦張 (大波 @76.2)
透湿防水シート
プラスターボード t=12.5
構造用合板 t=12

土間

1階壁:
ラワン合板 t=4 素地
プラスターボード t=15
(一部プラスターボードにAEP)
木下地
断熱材 グラスウール 16kg t=45

木下地 45×45
防水テープ
波板面戸

1階床:
コンクリート t=150 木ゴテ均し

▽1FL GL+100

砕石敷
▽地盤面 GL±0

防湿シート ポリフィルム t=0.25
断熱材 ポリスチレンフォーム t=25
砕石 t=50

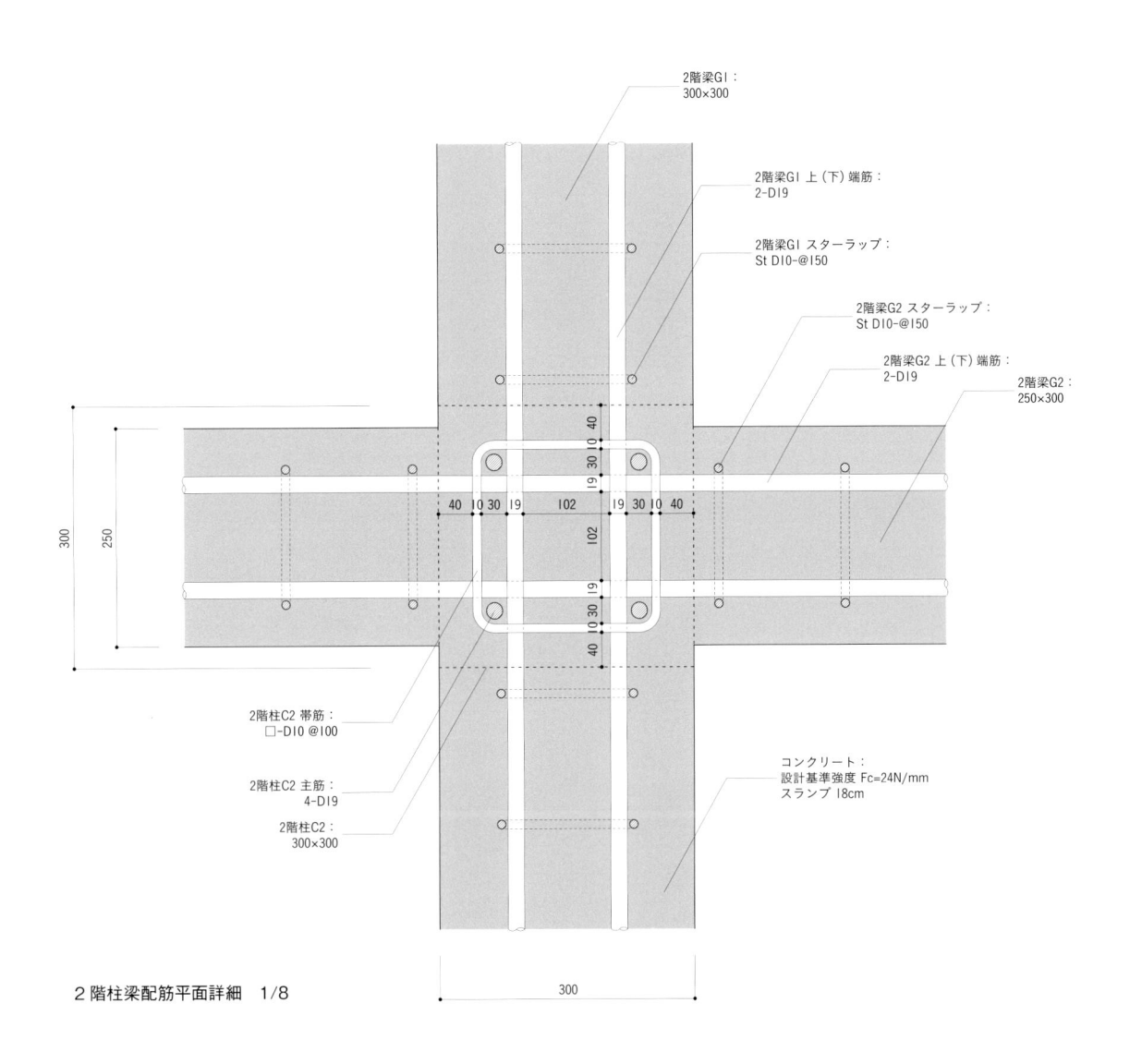

2階柱梁配筋平面詳細 1/8

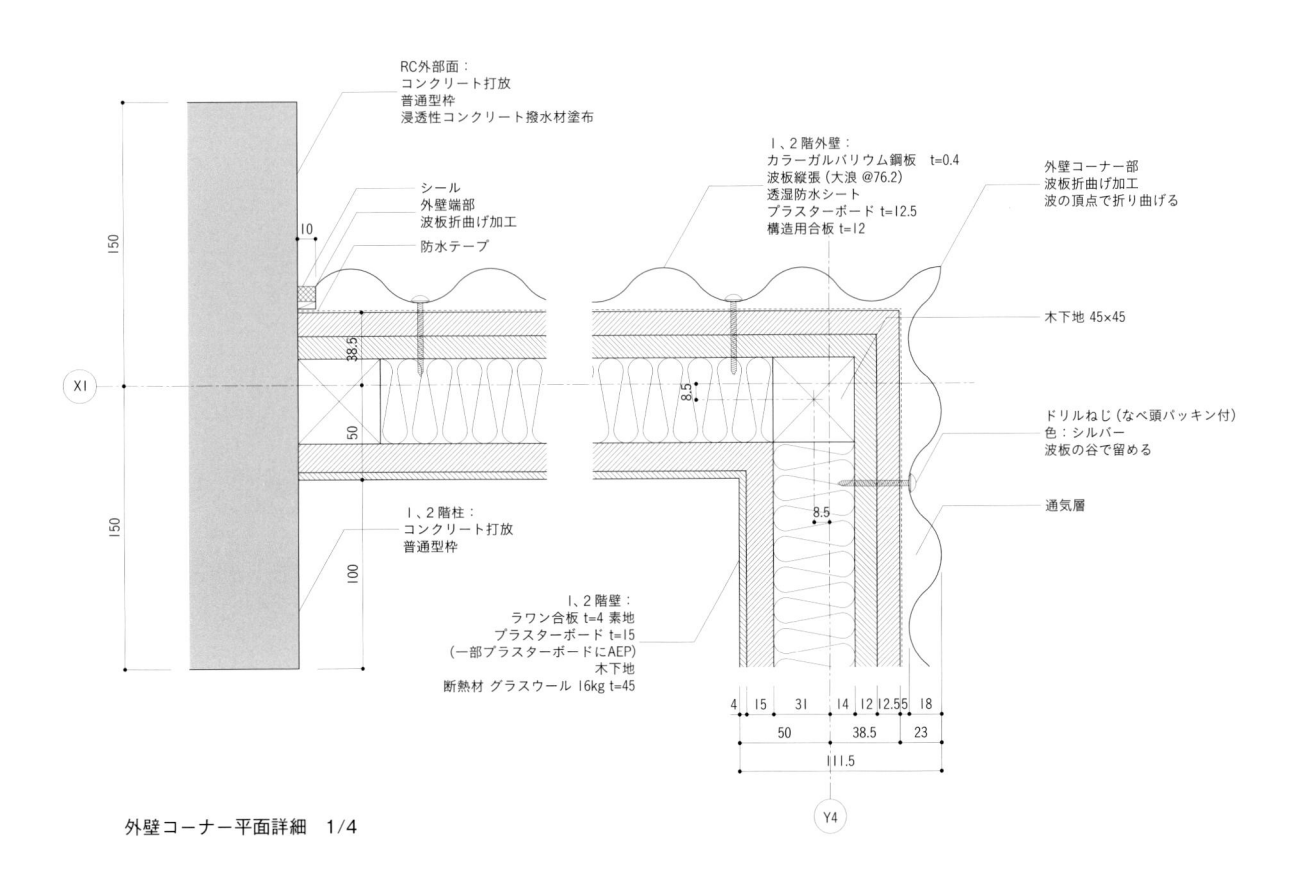

- 2階梁G1：300×300
- 2階梁G1 上（下）端筋：2-D19
- 2階梁G1 スターラップ：St D10-@150
- 2階梁G2 スターラップ：St D10-@150
- 2階梁G2 上（下）端筋：2-D19
- 2階梁G2：250×300
- 2階柱C2 帯筋：□-D10 @100
- 2階柱C2 主筋：4-D19
- 2階柱C2：300×300
- コンクリート：設計基準強度 Fc=24N/mm スランプ18cm

外壁コーナー平面詳細 1/4

- RC外部面：コンクリート打放 普通型枠 浸透性コンクリート撥水材塗布
- シール 外壁端部 波板折曲げ加工
- 防水テープ
- 1、2階外壁：カラーガルバリウム鋼板 t=0.4 波板縦張（大浪 @76.2） 透湿防水シート プラスターボード t=12.5 構造用合板 t=12
- 外壁コーナー部 波板折曲げ加工 波の頂点で折り曲げる
- 木下地 45×45
- ドリルねじ（なべ頭パッキン付）色：シルバー 波板の谷で留める
- 通気層
- 1、2階柱：コンクリート打放 普通型枠
- 1、2階壁：ラワン合板 t=4 素地 プラスターボード t=15 （一部プラスターボードにAEP） 木下地 断熱材 グラスウール 16kg t=45

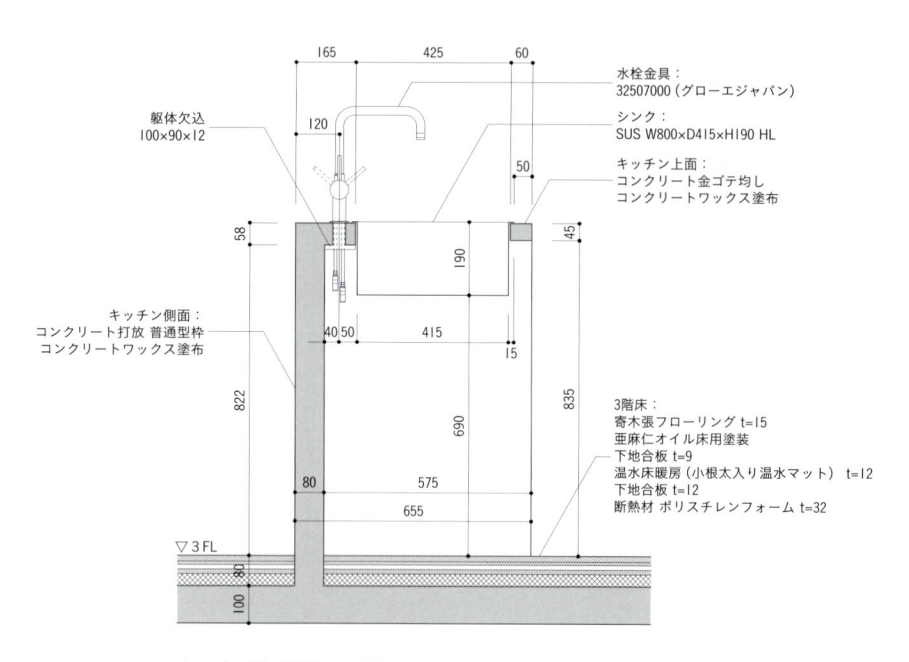

キッチン断面詳細 1/20

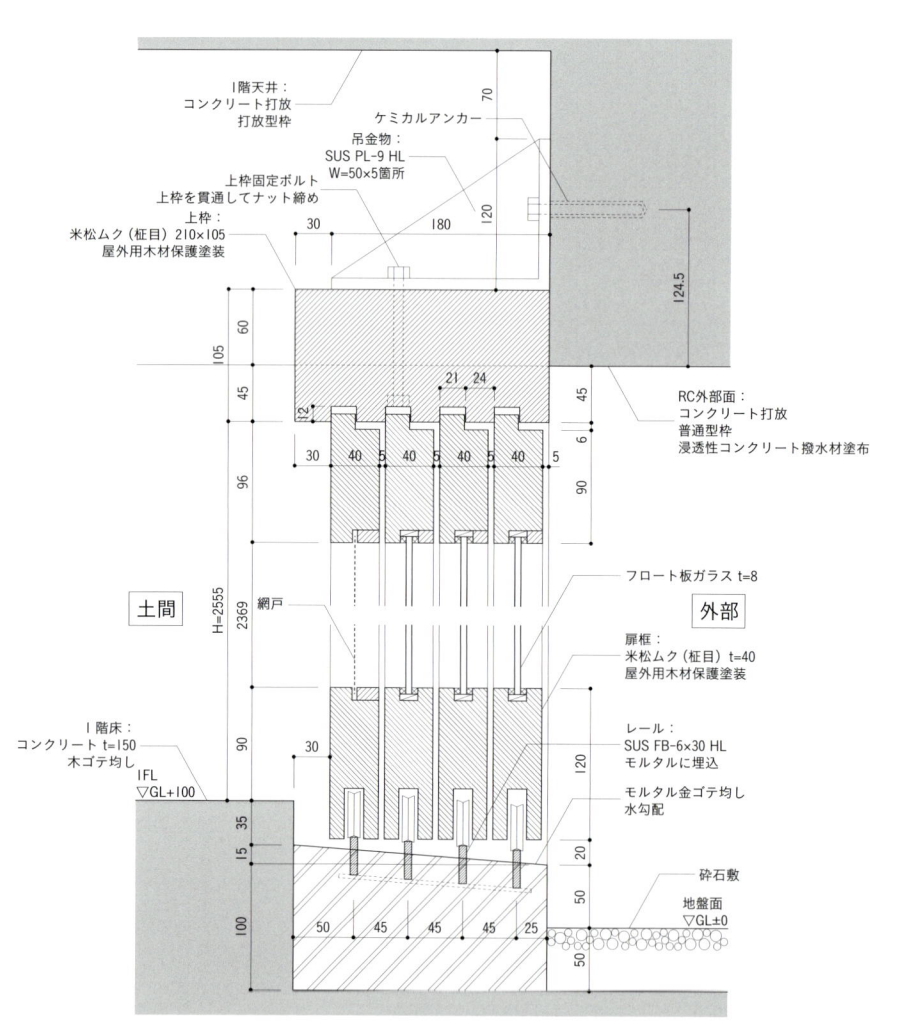

水栓金具：
32507000（グローエジャパン）

シンク：
SUS W800×D415×H190 HL

キッチン上面：
コンクリート金ゴテ均し
コンクリートワックス塗布

躯体欠込
100×90×12

キッチン側面：
コンクリート打放 普通型枠
コンクリートワックス塗布

3階床：
寄木張フローリング t=15
亜麻仁オイル床用塗装
下地合板 t=9
温水床暖房（小根太入り温水マット） t=12
下地合板 t=12
断熱材 ポリスチレンフォーム t=32

1階引戸断面詳細 1/6

1階天井：
コンクリート打放
打放型枠

ケミカルアンカー

吊金物：
SUS PL-9 HL
W=50×5箇所

上枠固定ボルト
上枠を貫通してナット締め

上枠
米松ムク（柾目）210×105
屋外用木材保護塗装

土間　　外部

RC外部面：
コンクリート打放
普通型枠
浸透性コンクリート撥水材塗布

網戸

フロート板ガラス t=8

扉框
米松ムク（柾目）t=40
屋外用木材保護塗装

レール：
SUS FB-6×30 HL
モルタルに埋込

モルタル金ゴテ均し
水勾配

1階床：
コンクリート t=150
木ゴテ均し
1FL ▽GL+100

砕石敷
地盤面 ▽GL±0

上：3階ダイニングから上庭を見る。眺めがよいので大きな開口を持つ。手前のキッチンもコンクリート製
下：2階寝室から浴室を見る。自然光は主に中庭からとる。この階の柱の大きさは 300 × 300mm
次頁：1階土間から奥庭を見る。天井高は2850mm。屋外的な使用にも耐えられる公園のような室内空間。RCの柱が領域を柔らかく分割している

これらの3枚の写真は、竣工してから約1年後に撮影されたもの

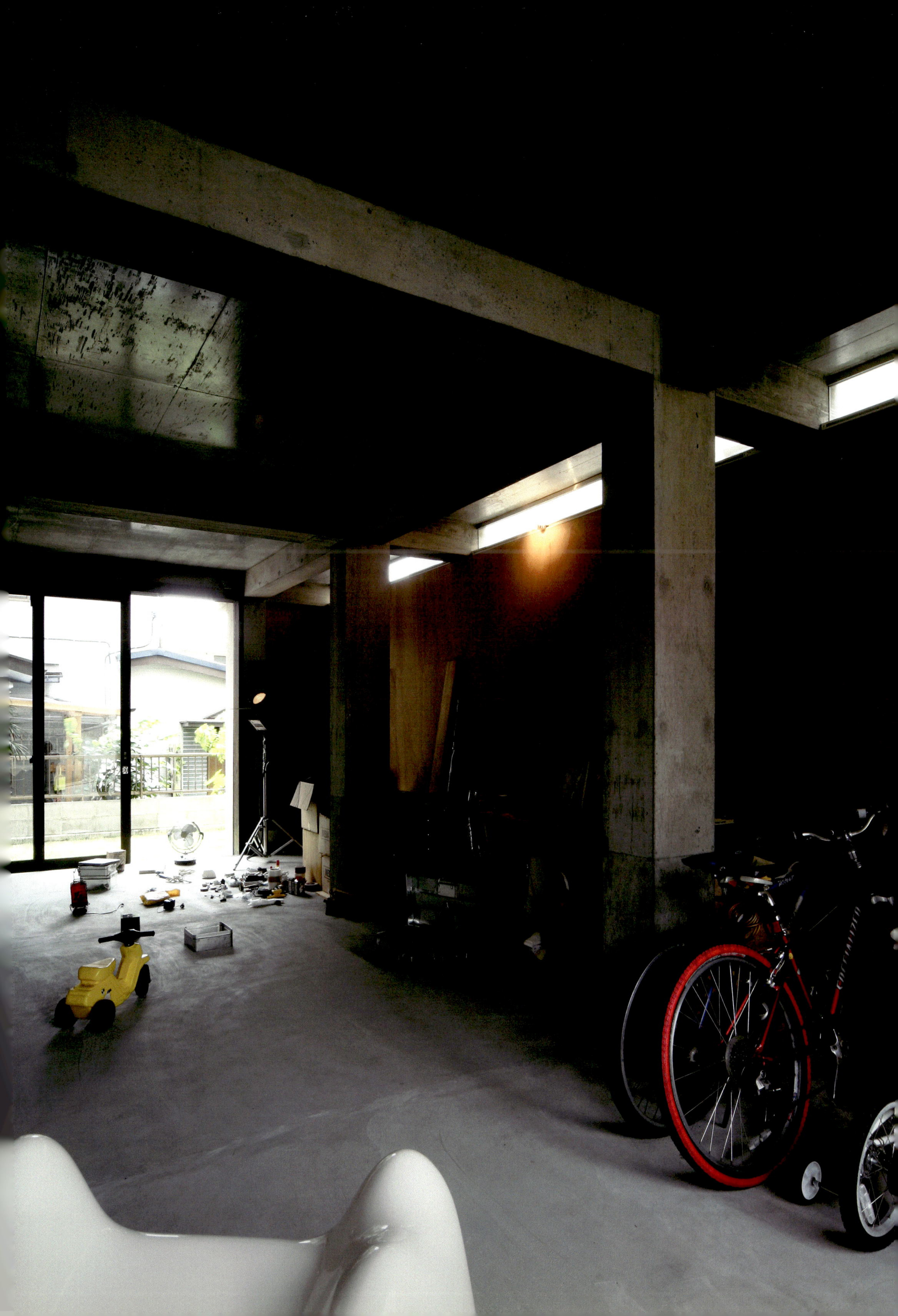

長谷川豪
Go Hasegawa

ディテールが統制を超えるとき

建築家の思想はディテールに表れる、とよくいわれる。それはそうだと思うが、もしそれが単に「モノの細部の扱い」ということだとしたら、それには僕はあまり興味がない。

そのことに関係するかもしれないが、建築の設計プロセスの中で、盲目的に部分を統制していくまとめ方には注意したいと思っている。分かりやすい例でいうと、この建物はこういうコンセプトだからディテールはこうなってしかるべき、というような指向性のことである。設計に統制は必要だし、ある意味では統制することが設計だともいえるかもしれない。でも、空間にいちいちディテールの統制を感じるのは息苦しい。統制が表現に見えた途端に、なんだか少し窮屈な気分になるのだ。

建築のディテールがそうした統制を超えて、自由を獲得することはできないだろうか。だからといって、統制を外して適当にやればいいというわけではもちろんない。ならば僕はどうするか。

誰もがそうするように、設計が始まるときに僕は敷地を見に行く。設計中にも何度も見に行く。敷地そのものだけでなく敷地の周りもよく観察する。何を観察するのかといわれると答えるのが難しいのだが、日当たり、風通し、静かさ、道路の幅や明るさ、塀の高さ、人通り、近隣建物の外装、開口量、庭、樹木、近隣住民の年齢層や雰囲気……つまり、その場で体感することができる、ありとあらゆるものである。でもおそらくここで重要なのは、何を観察するかということよりも、ありとあらゆるものを見ようとすることだと思っている。そこにあるすべてのものを建築の可能性として見ようとしている。

あるいは、僕は設計しながらクライアントとでき

森のなかの住宅　配置

るだけたくさん話すようにしている。話しているうちにいろいろなことが見えてくる。振り返ってみると、キッチンや仕上げ材をどうしたいといったプランや形に関するクライアントからの要望よりも、彼らのしぐさや人間性といったもののほうがプロジェクトの大きな原動力になっている気がする。たとえば、大声で笑うにぎやかで社交的な人たちだとそれにふさわしい空間のヴォリュームが自然にイメージできる。個性的で魅力的な人ほど、人間性が空間に直結しやすいように思う。つまりクライアントを建築の可能性として見ているようなところがある。

　なぜこうした敷地やクライアントとの対話を重視するのかというと、設計で扱う対象を「建築」の外側に、あるいは「建築をつくること」の外側に広げたいからだと思う。屋根の見切り材や開口枠のチリだけでなく、風通しも、道路幅も、樹木も、そこに暮らす人たちの人柄も、彼らの生活も、すべて設計の対象＝建築のディテールなのである。あらゆるスケールのものが建築のディテールになり得るし、形のないものも建築のディテールになる。だからモノの細部だけを取り出しても必ずしも建築はつかみきれない。これをやっておけば間違いない、というようなディテールは存在しない。いまだに僕たちが建築に新たな可能性を見出せるのは、設計の対象＝建築のディテールを膠着させずに、常に揺さぶりを掛けてきたからだと思う。

　あらゆるものが建築のディテールになる。僕はその自由度をいつも意識しながら、建築について考えたいと思っている。建築のディテールが統制から自由になれることを期待して。

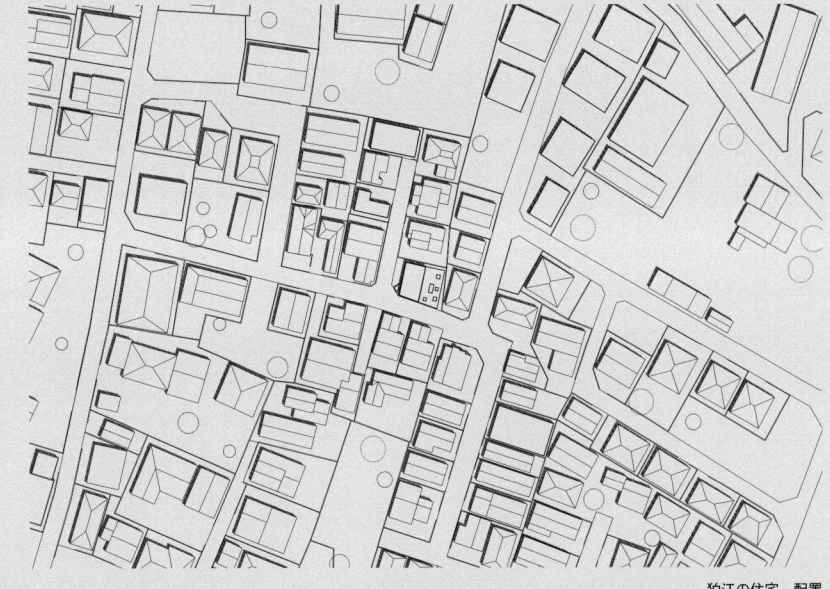

長谷川豪

狛江の住宅　配置

森のなかの住宅

長谷川豪建築設計事務所

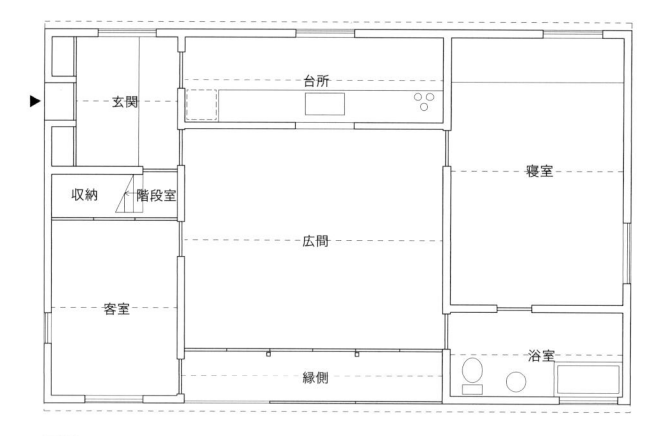

平面 1/150

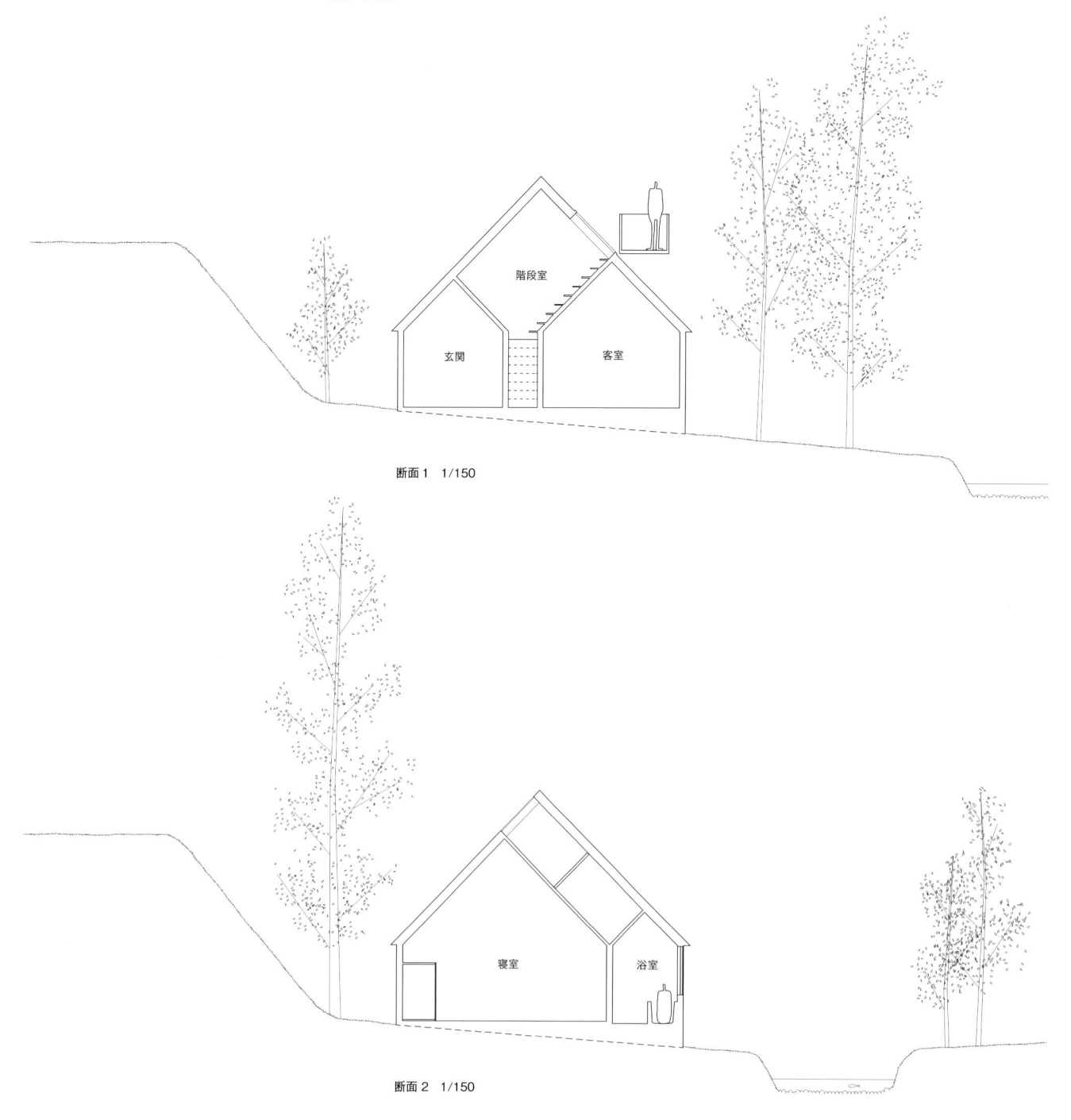

断面1 1/150

断面2 1/150

軽井沢の森の中に建つ住宅である。北側を遊歩道に、南側を小川に挟まれた敷地の中で、自然豊かな森の環境を楽しめる開放的な住宅が望まれた。

　外観を単純な切妻屋根のヴォリュームとし、敷地より数メートル高いレベルにある遊歩道からはほとんど屋根しか見えないようにした。また建物の中の居間、台所といった大小さまざまな部屋もすべて切妻形の天井とした。切妻屋根と切妻天井の間には隙間（小屋裏）がある。屋根頂部に天窓を設け、各部屋の天井をガラスや半透明の素材にしているため、この隙間は、その下の部屋に柔らかい光や木陰を落とす温室のようになったり、屋根の上の物見台に上がるための階段室になったり、あるいは、一方の部屋から反対側上空の景色を見上げることができる奥行き数メートルの深い窓になったりしている。これらによって各部屋からいろんな方向に森の環境を体験することができる開放的な住宅を目指した。

　一般的な平形天井と比べると、切妻形は天井の表面積が大きくなる。各部屋の大きな天井ごとに、刻一刻と変化する光や風景が投影され、各部屋と森の環境との関係は、森の中にバラバラに置かれた部屋のように独立したものに感じられる。

　また小屋裏の屋根の下面には、光や風景の像や影がぼんやりと映り込み、まるで巨大なレフ板のように、豊かな森の環境を各部屋に送り込んでいる。どこにいても、「建物の大きさで」森の環境とつながったインテリアになっているのである。

長谷川 豪

▽ 最高高さ GL+5882

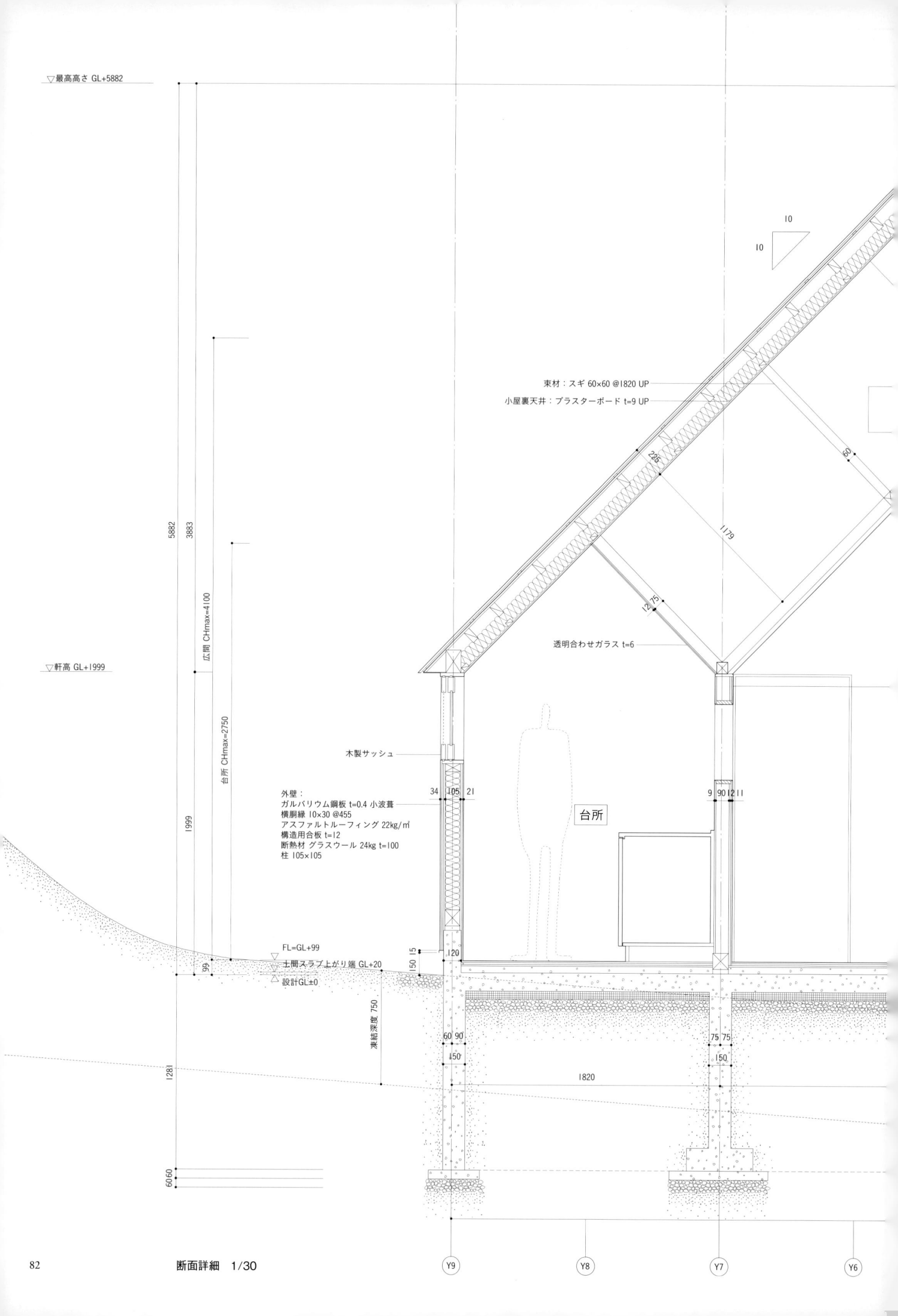

▽ 軒高 GL+1999

束材：スギ 60×60 @1820 UP
小屋裏天井：プラスターボード t=9 UP

透明合わせガラス t=6

木製サッシュ

外壁：
ガルバリウム鋼板 t=0.4 小波葺
横胴縁 10×30 @455
アスファルトルーフィング 22kg/㎡
構造用合板 t=12
断熱材 グラスウール 24kg t=100
柱 105×105

台所

FL=GL+99
土間スラブ上がり端 GL+20
設計GL±0

凍結深度 750

断面詳細 1/30

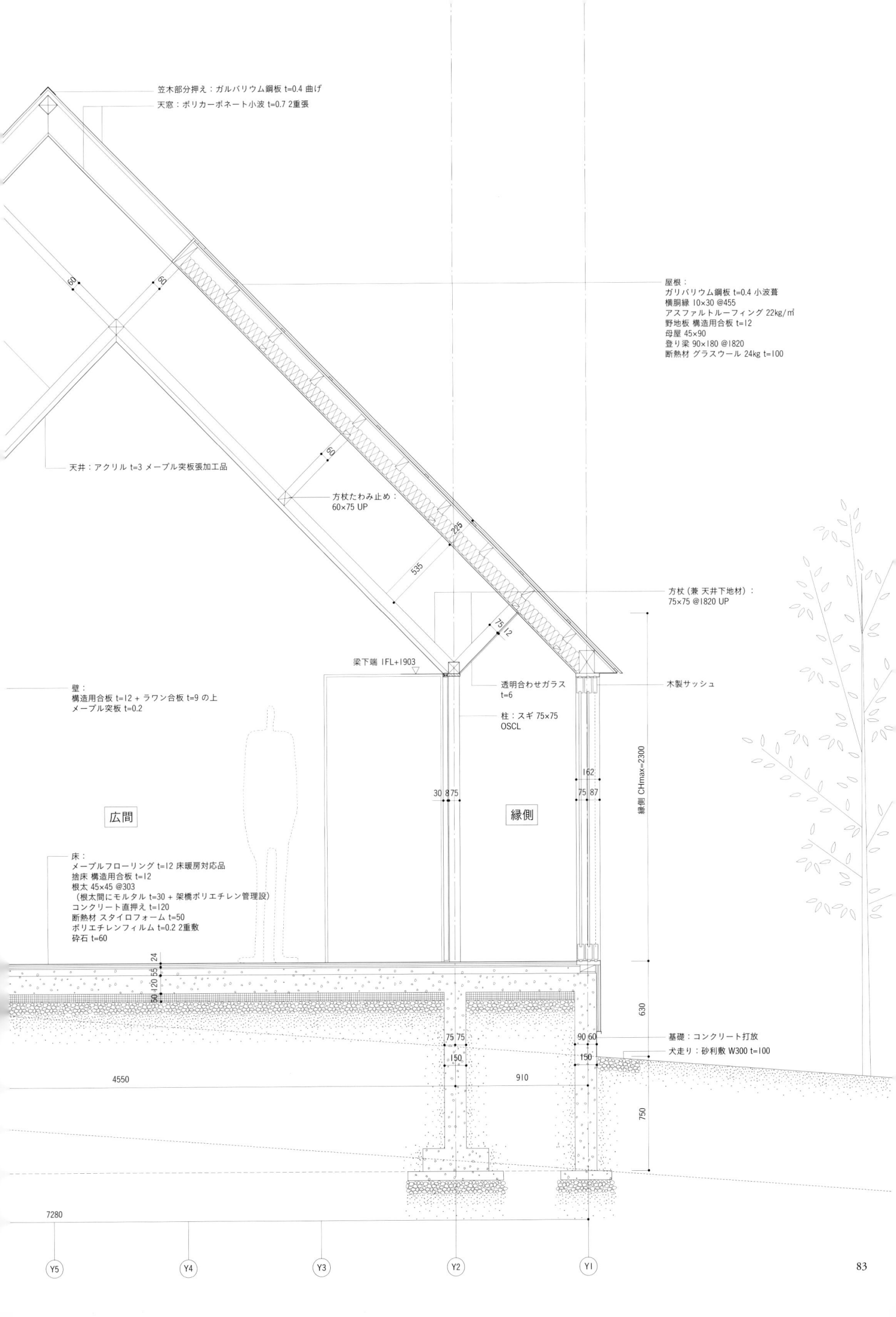

笠木部分押え：ガルバリウム鋼板 t=0.4 曲げ
天窓：ポリカーボネート小波 t=0.7 2重張

屋根：
ガルバリウム鋼板 t=0.4 小波葺
横胴縁 10×30 @455
アスファルトルーフィング 22kg/㎡
野地板 構造用合板 t=12
母屋 45×90
登り梁 90×180 @1820
断熱材 グラスウール 24kg t=100

天井：アクリル t=3 メープル突板張加工品

方杖たわみ止め：
60×75 UP

方杖（兼 天井下地材）：
75×75 @1820 UP

梁下端 1FL+1903

透明合わせガラス t=6

木製サッシ

柱：スギ 75×75 OSCL

縁側 CHmax=2300

壁：
構造用合板 t=12 + ラワン合板 t=9 の上
メープル突板 t=0.2

広間

縁側

床：
メープルフローリング t=12 床暖房対応品
捨床 構造用合板 t=12
根太 45×45 @303
（根太間にモルタル t=30 + 架橋ポリエチレン管埋設）
コンクリート直押え t=120
断熱材 スタイロフォーム t=50
ポリエチレンフィルム t=0.2 2重敷
砕石 t=60

基礎：コンクリート打放
犬走り：砂利敷 W300 t=100

Y5　Y4　Y3　Y2　Y1

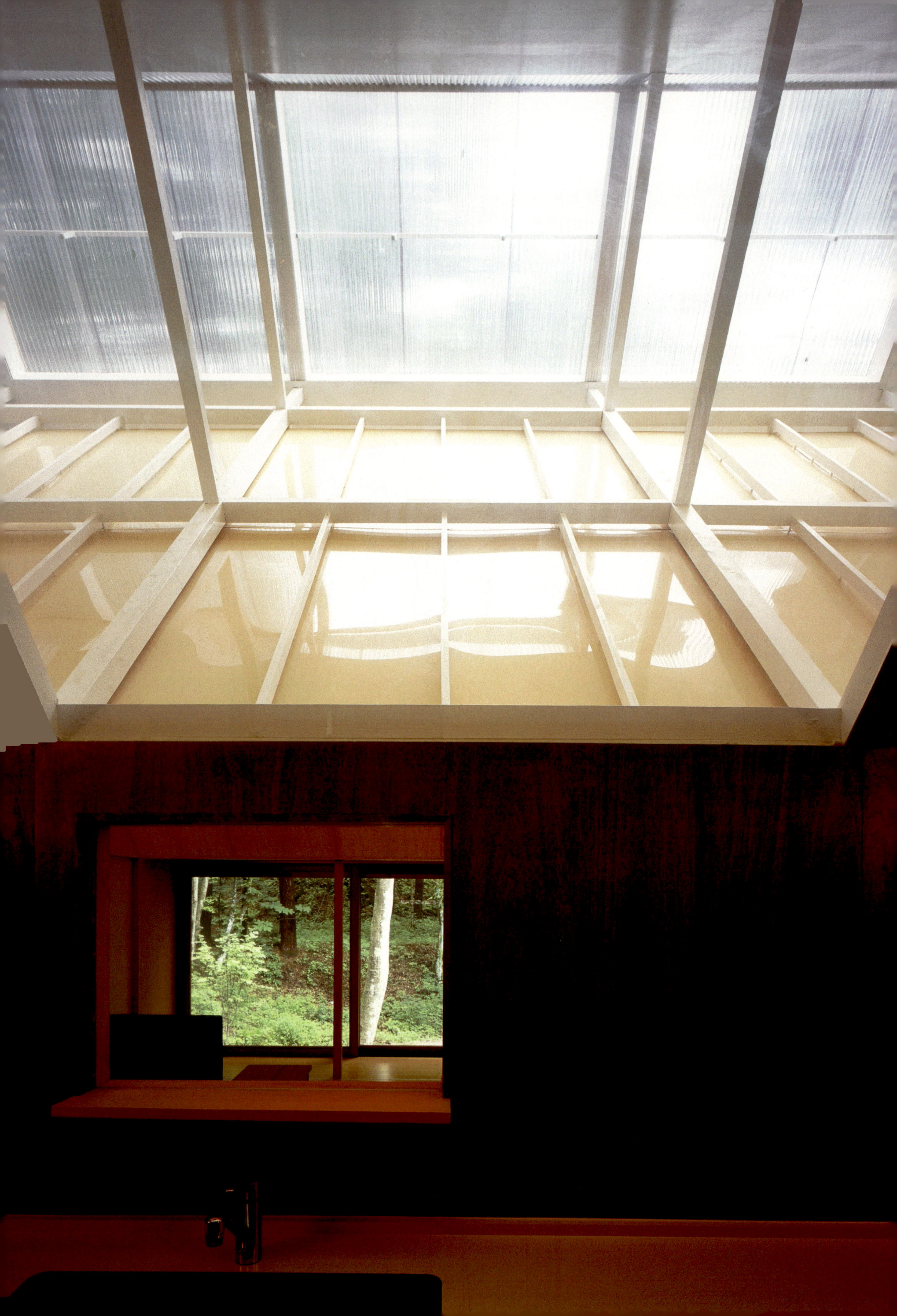

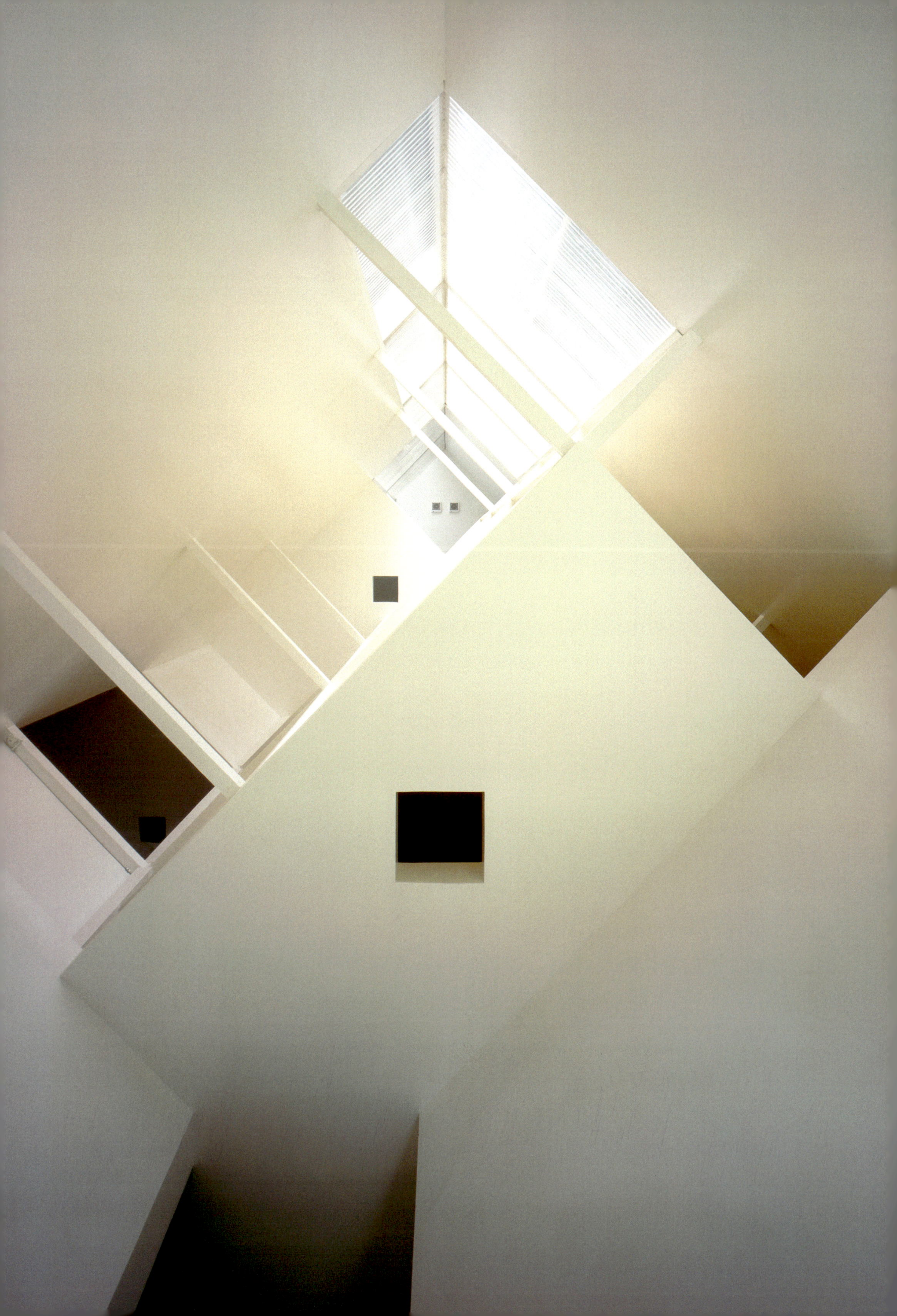

枠廻り平面詳細 1/10

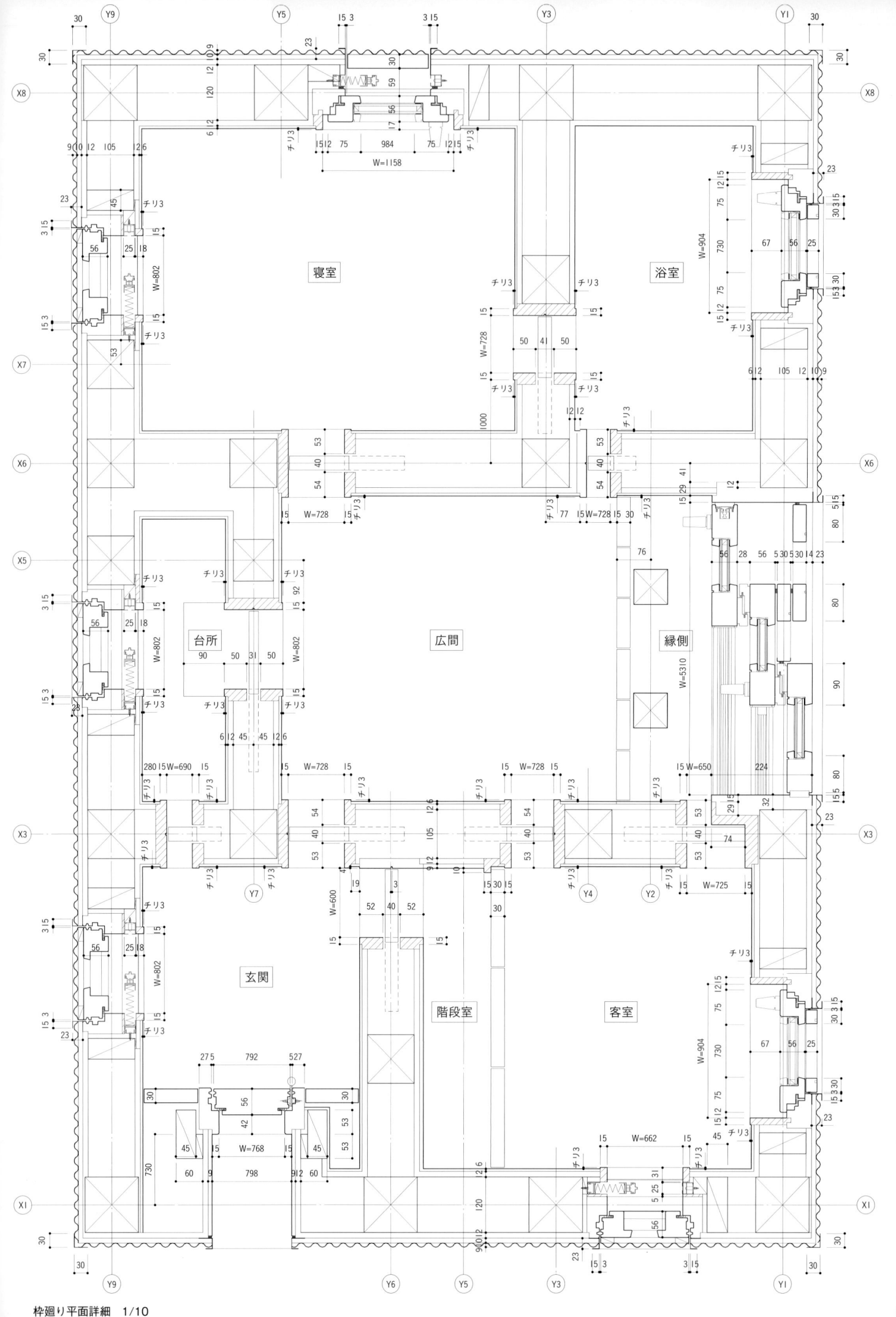

X6〜X8 通り断面詳細　1/10

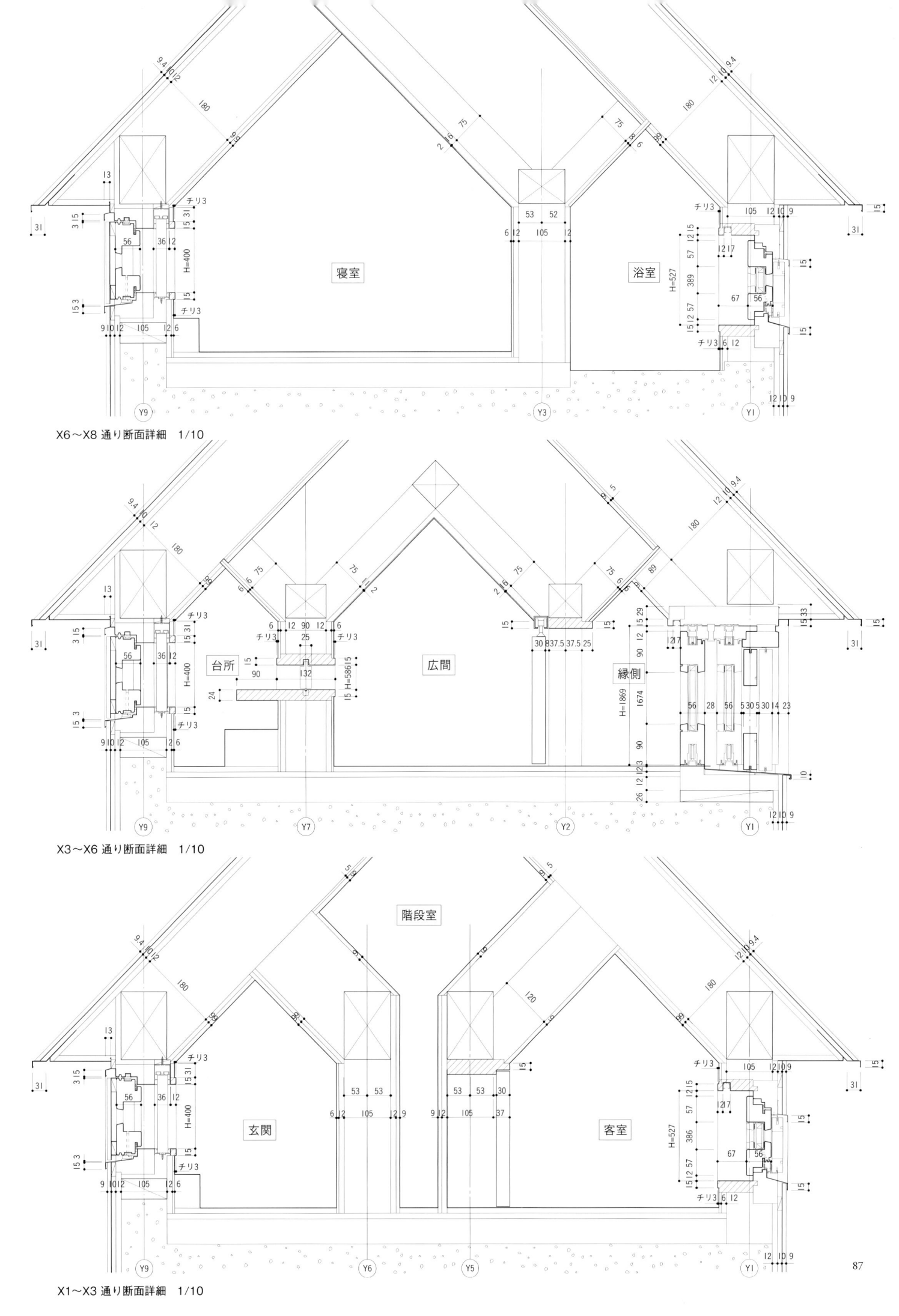

X3〜X6 通り断面詳細　1/10

X1〜X3 通り断面詳細　1/10

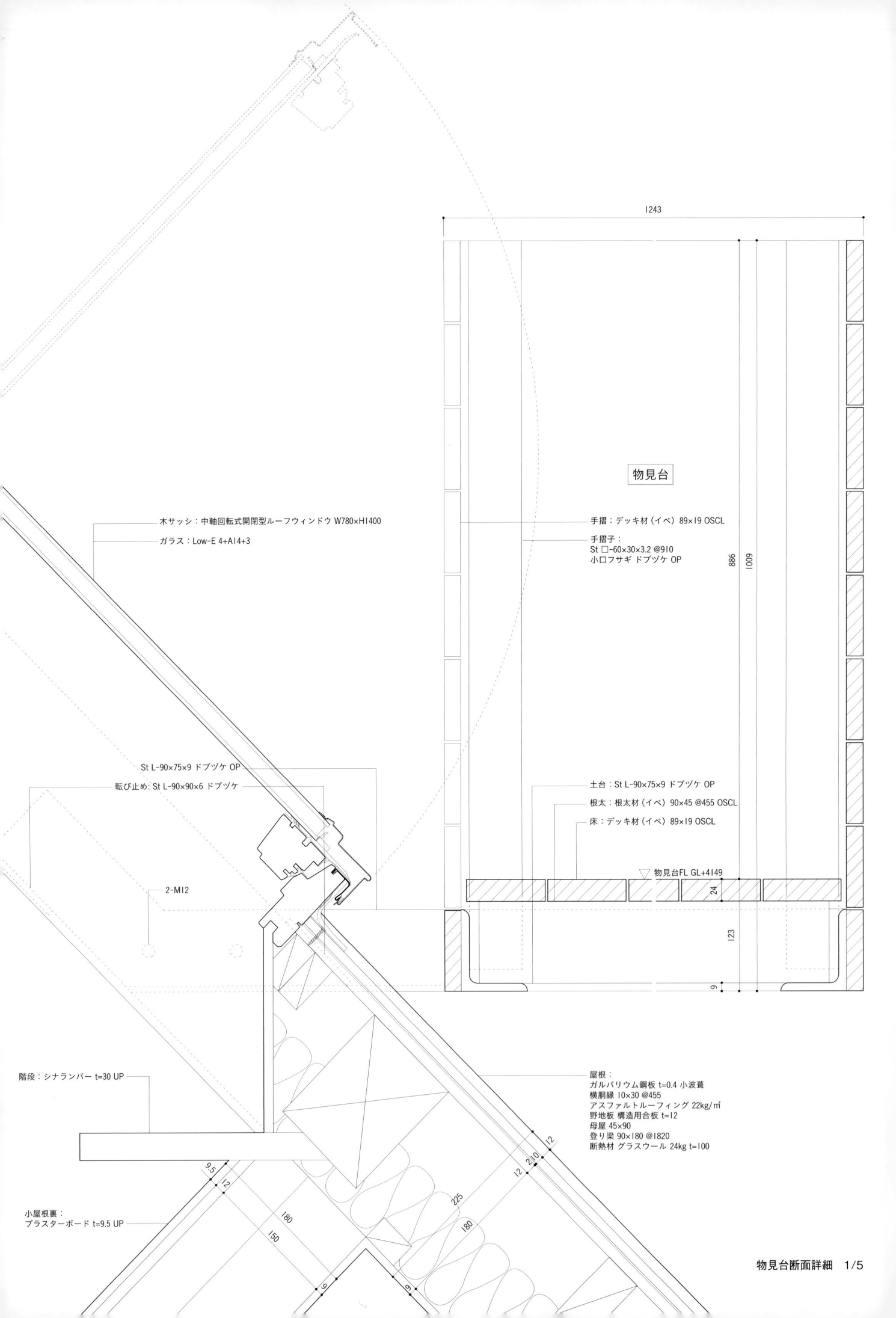

木サッシ：中軸回転式開閉型ルーフウィンドウ W780×H1400
ガラス：Low-E 4+A14+3

St L-90×75×9 ドブヅケ OP
転び止め：St L-90×90×6 ドブヅケ

2-M12

階段：シナランバー t=30 UP

小屋根裏：
プラスターボード t=9.5 UP

物見台

手摺：デッキ材（イペ）89×19 OSCL
手摺子：
St □-60×30×3.2 @910
小口フサギ ドブヅケ OP

土台：St L-90×75×9 ドブヅケ OP
根太：根太材（イペ）90×45 @455 OSCL
床：デッキ材（イペ）89×19 OSCL

▽物見台FL GL+4149

屋根：
ガルバリウム鋼板 t=0.4 小波葺
横胴縁 10×30 @455
アスファルトルーフィング 22kg/㎡
野地板 構造用合板 t=12
母屋 45×90
登り梁 90×180 @1820
断熱材 グラスウール 24kg t=100

物見台断面詳細　1/5

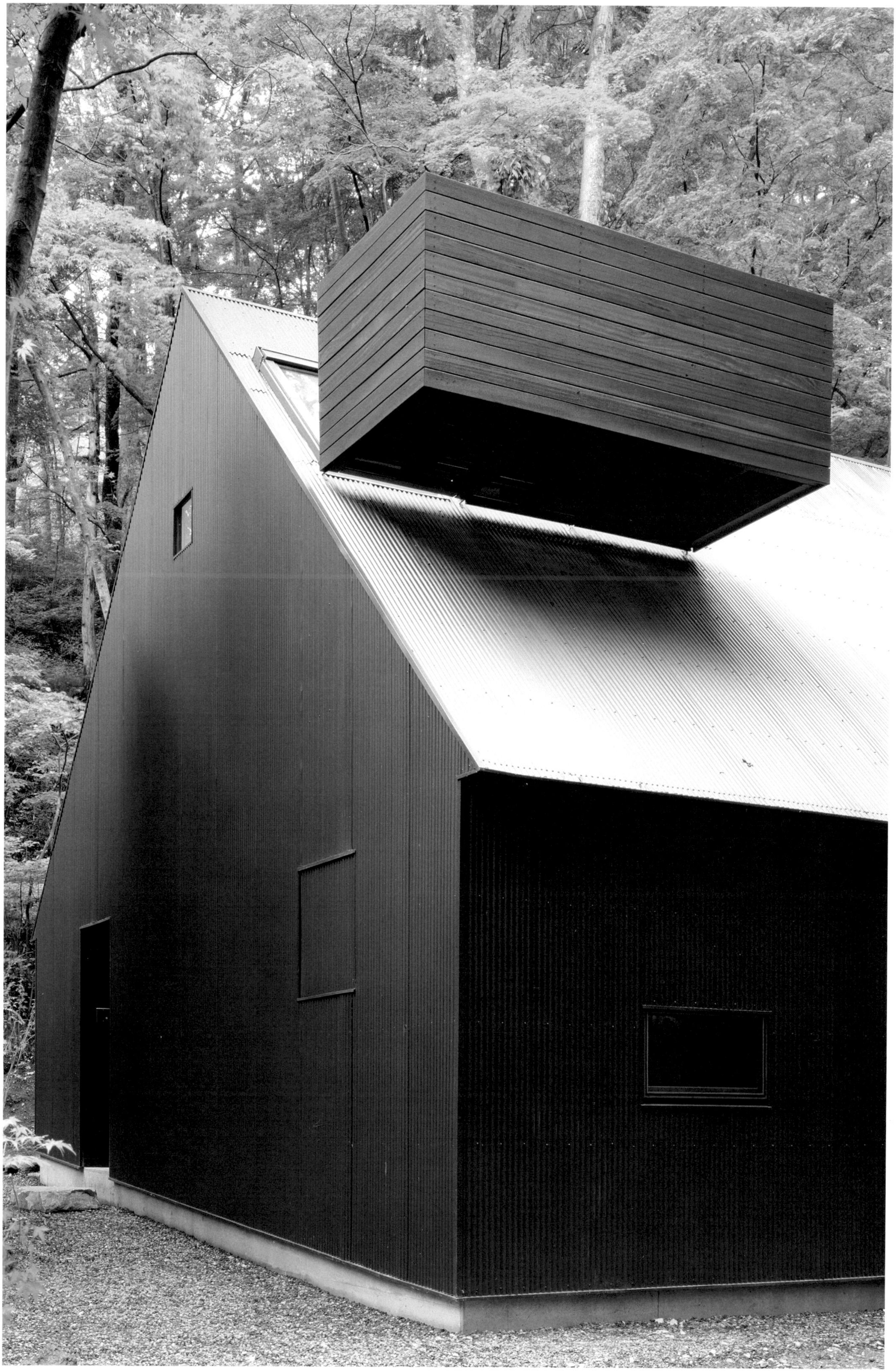

狛江の住宅

長谷川豪建築設計事務所

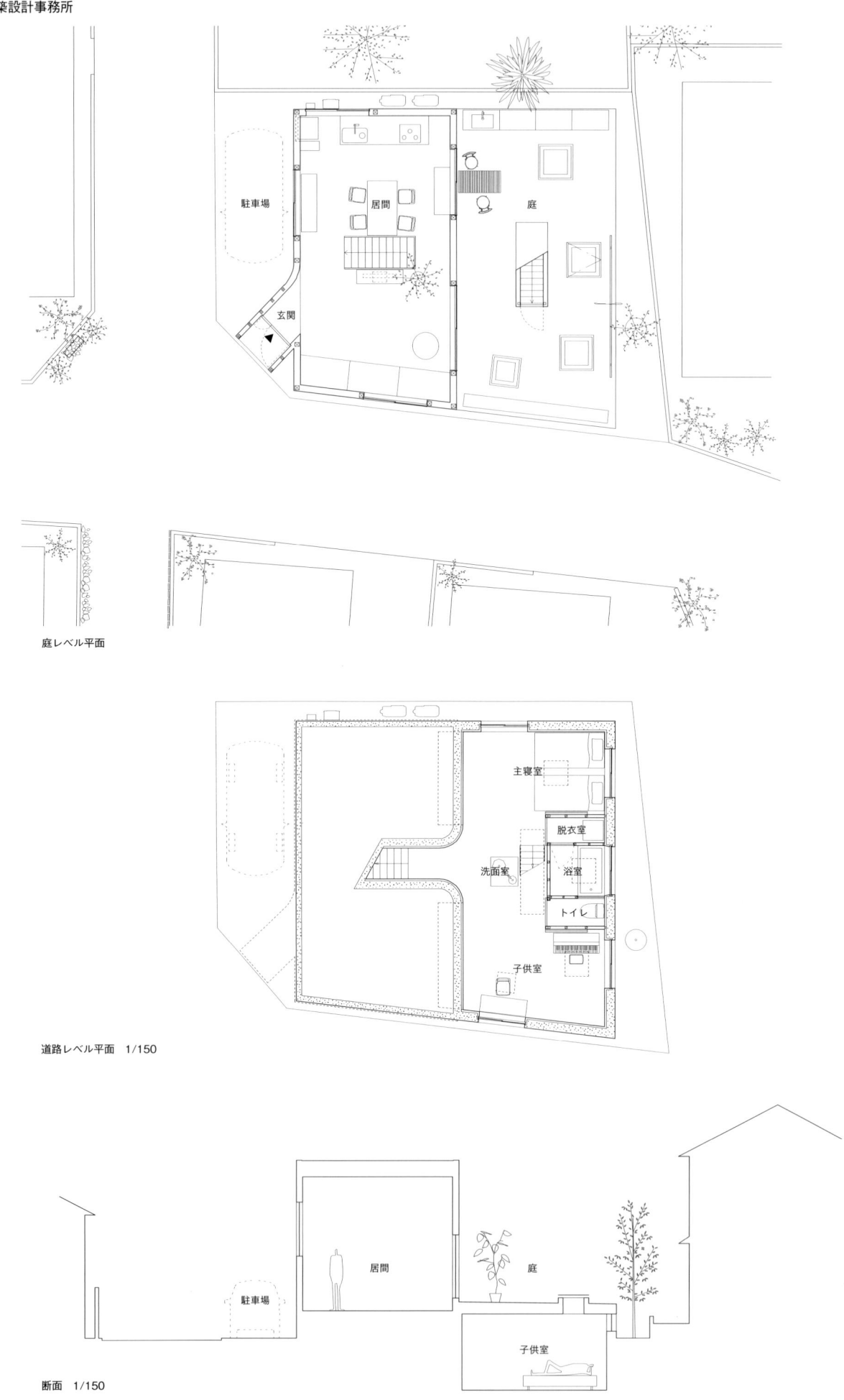

庭レベル平面

道路レベル平面 1/150

断面 1/150

東京都内の住宅地に建つ、夫婦と子供1人のための住宅である。
　敷地は100㎡ほどの角地で、建蔽率が50％と限られていた。つまり、ただでさえ広くない敷地の半分以上が庭になるというわけだ。設計を進めていくうちに自然と、建物だけでなく、庭をどうつくるかということにも意識が向かった。また近隣の住宅を見ると、建物と前面道路の間にある庭は、猫の額ほどしかない。道路側の窓はカーテンでふさがれ、それがこの住宅地の印象を少し暗いものにしていた。とにかく、建物と庭と道路（地面）の関係を、新たに再構成する必要性を感じた。
　敷地いっぱいに建物を建て、半分を居間、もう半分を庭、庭の下に寝室や水回りなどのプライベートな半地下の空間をつくった。この半地下の空間は、地階で地盤面上1m以下のため建蔽率対象外となっている。
　地面より1m高い位置に庭がある。居間のソファの高さに庭が広がる。ベッドや浴槽に横たわりながらトップライトを介して頭上の庭を眺める。いろいろな向きと高さを持つ数種類の開口と2つの階段が、居間／庭／寝室の3つの空間を少しずつつないで、緩やかに交ぜ合わせ、どこにいても地面とも空ともつながりを感じられる住宅になっている。また家具や設備が設けられた庭も生活の一部になると同時に、この空間が、密集した住宅地を少し明るくするような存在になればと考えた。

長谷川 豪

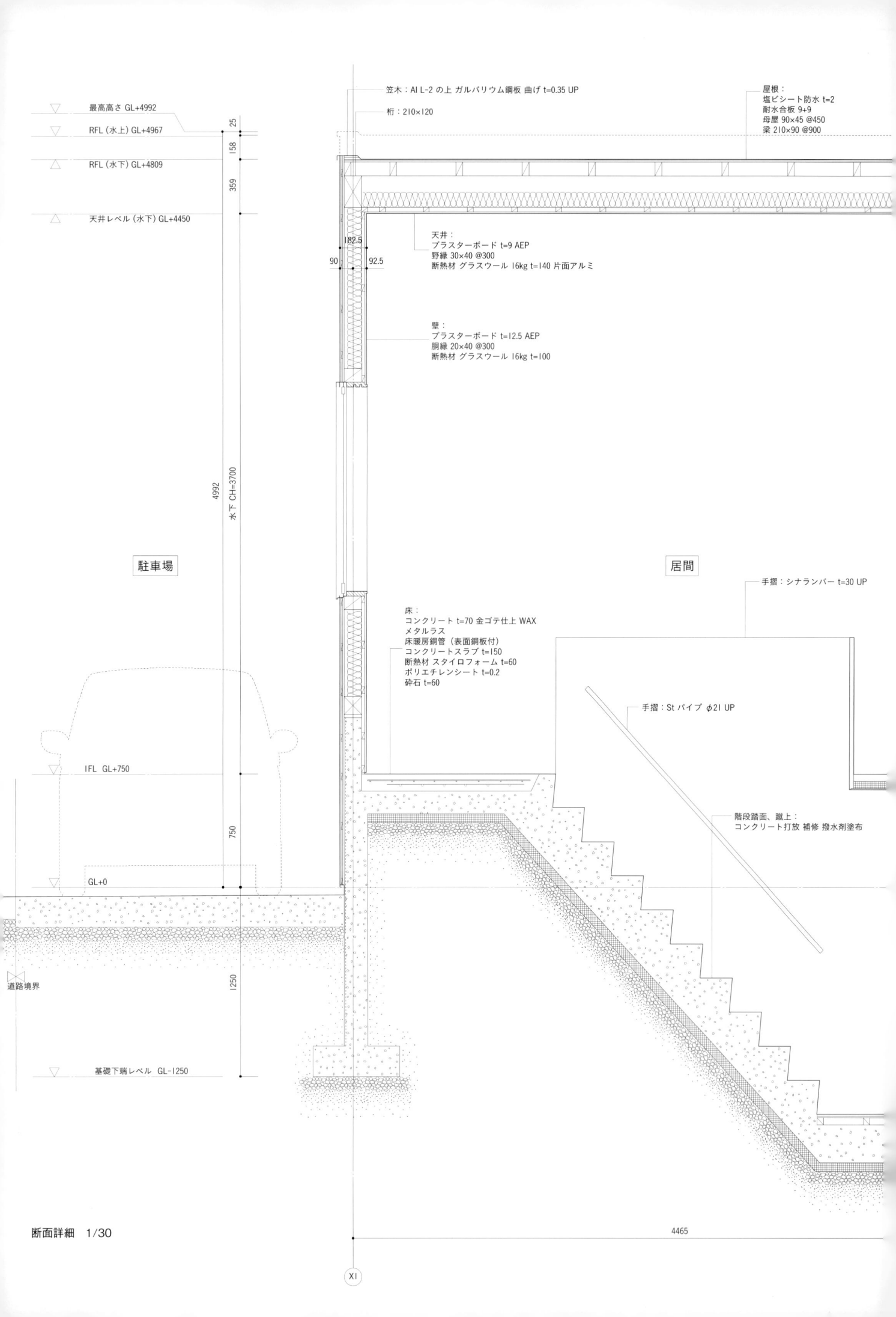

| 最高高さ GL+4992
| RFL（水上）GL+4967
| RFL（水下）GL+4809
| 天井レベル（水下）GL+4450

笠木：Al L-2 の上 ガルバリウム鋼板 曲げ t=0.35 UP
桁：210×120

屋根：
塩ビシート防水 t=2
耐水合板 9+9
母屋 90×45 @450
梁 210×90 @900

天井：
プラスターボード t=9 AEP
野縁 30×40 @300
断熱材 グラスウール 16kg t=140 片面アルミ

壁：
プラスターボード t=12.5 AEP
胴縁 20×40 @300
断熱材 グラスウール 16kg t=100

25 / 158 / 359
182.5
90 / 92.5
4992
水下 CH=3700

駐車場

居間

手摺：シナランバー t=30 UP

床：
コンクリート t=70 金ゴテ仕上 WAX
メタルラス
床暖房銅管（表面銅板付）
コンクリートスラブ t=150
断熱材 スタイロフォーム t=60
ポリエチレンシート t=0.2
砕石 t=60

手摺：St パイプ φ21 UP

IFL GL+750
750

階段踏面、蹴上：
コンクリート打放 補修 撥水剤塗布

GL+0

道路境界

1250

基礎下端レベル GL-1250

断面詳細 1/30

4465

X1

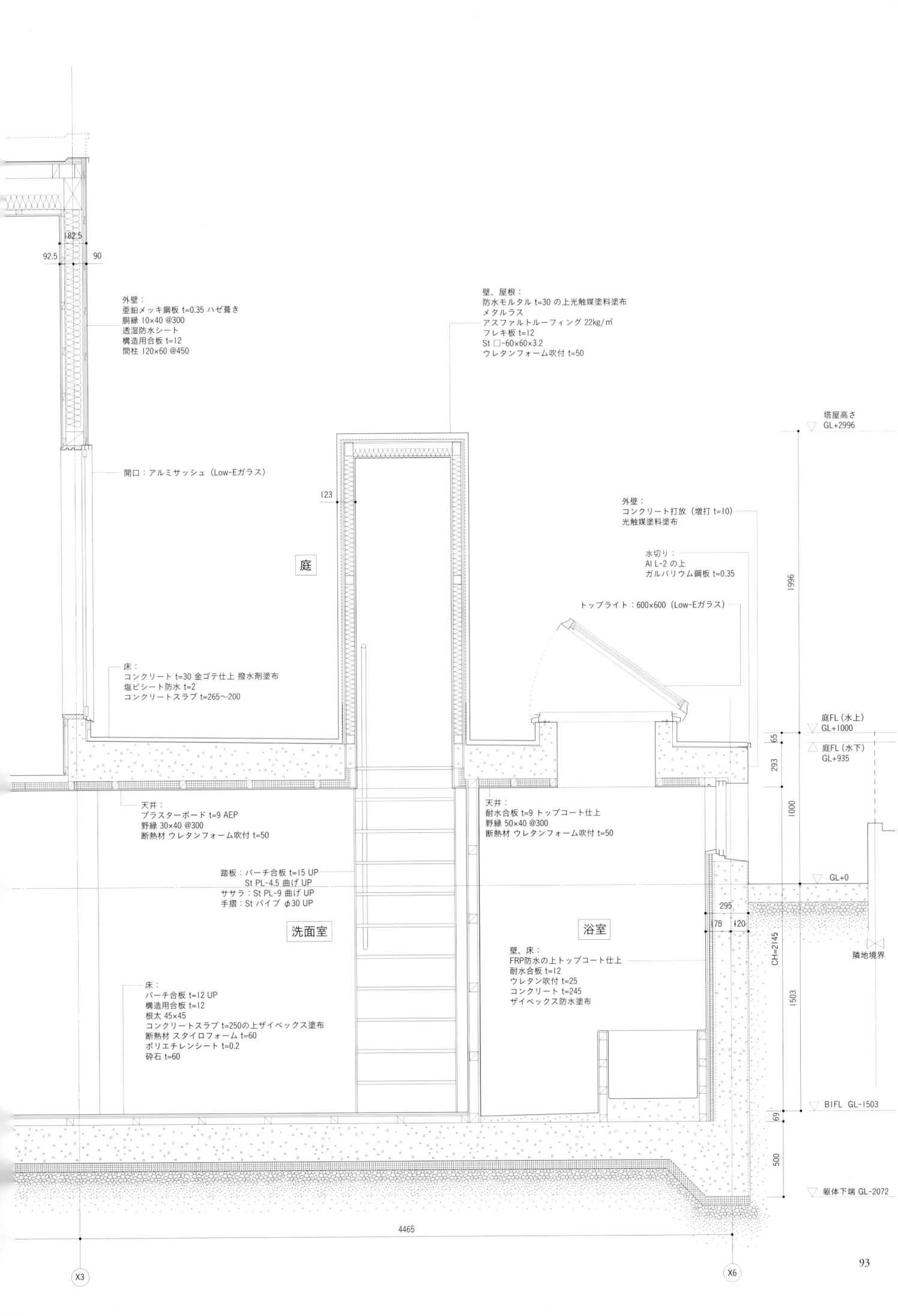

外壁：
亜鉛メッキ鋼板 t=0.35 ハゼ葺き
胴縁 10×40 @300
透湿防水シート
構造用合板 t=12
間柱 120×60 @450

壁、屋根：
防水モルタル t=30 の上光触媒塗料塗布
メタルラス
アスファルトルーフィング 22kg/㎡
フレキ板 t=12
St □-60×60×3.2
ウレタンフォーム吹付 t=50

開口：アルミサッシュ（Low-Eガラス）

庭

外壁：
コンクリート打放（増打 t=10)
光触媒塗料塗布

水切り：
Al L-2 の上
ガルバリウム鋼板 t=0.35

トップライト：600×600（Low-Eガラス）

床：
コンクリート t=30 金ゴテ仕上 撥水剤塗布
塩ビシート防水 t=2
コンクリートスラブ t=265〜200

▽ 塔屋高さ
　GL+2996

▽ 庭FL（水上）
　GL+1000

▽ 庭FL（水下）
　GL+935

天井：
プラスターボード t=9 AEP
野縁 30×40 @300
断熱材 ウレタンフォーム吹付 t=50

天井：
耐水合板 t=9 トップコート仕上
野縁 50×40 @300
断熱材 ウレタンフォーム吹付 t=50

▽ GL+0

踏板：バーチ合板 t=15 UP
　　　St PL-4.5 曲げ UP
ササラ：St PL-9 曲げ UP
手摺：St パイプ φ30 UP

洗面室

浴室

壁、床：
FRP防水の上トップコート仕上
耐水合板 t=12
ウレタン吹付 t=25
コンクリート t=245
ザイペックス防水塗布

隣地境界

床：
バーチ合板 t=12 UP
構造用合板 t=12
根太 45×45
コンクリートスラブ t=250の上ザイペックス塗布
断熱材 スタイロフォーム t=60
ポリエチレンシート t=0.2
砕石 t=60

▽ BIFL GL-1503

▽ 躯体下端 GL-2072

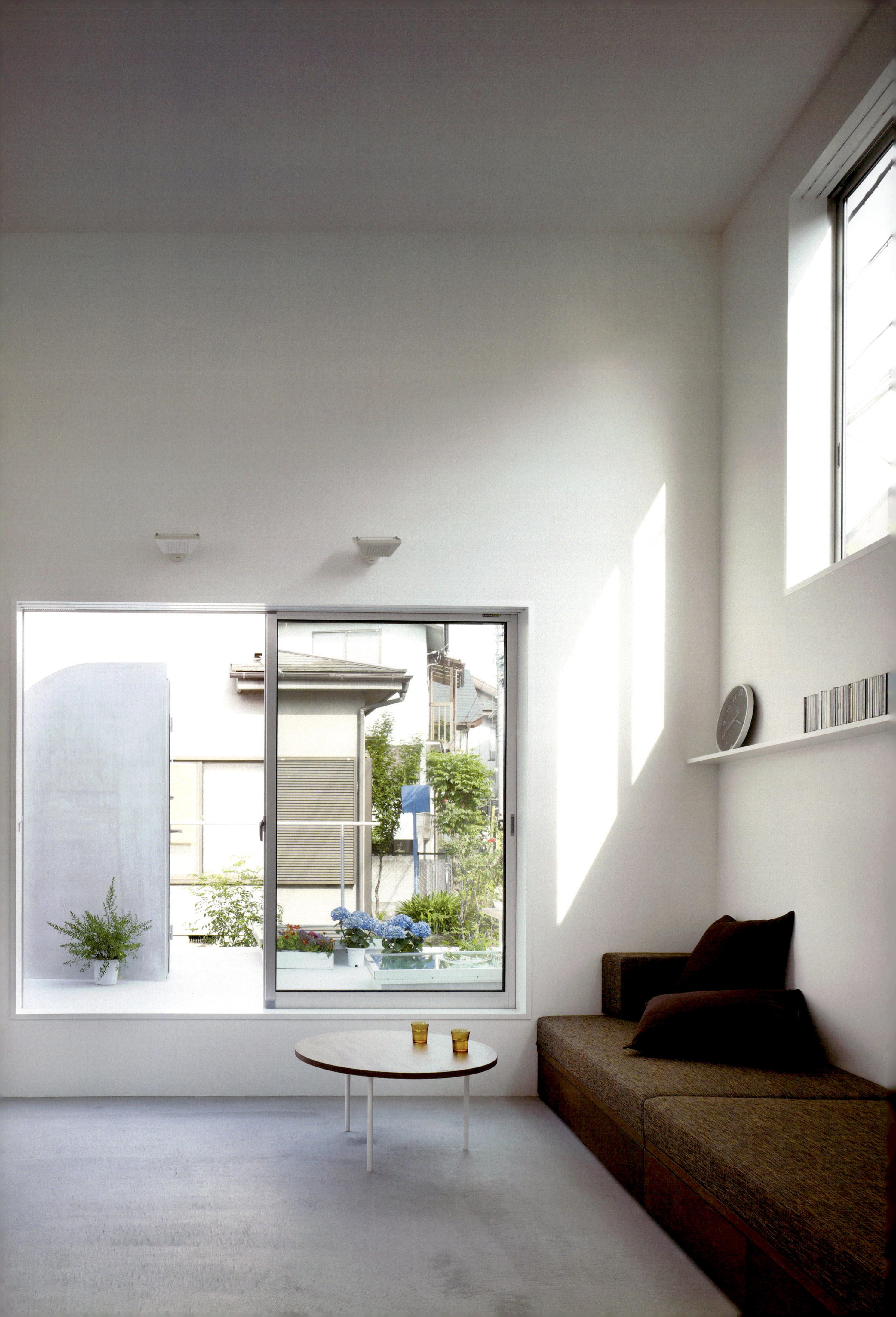

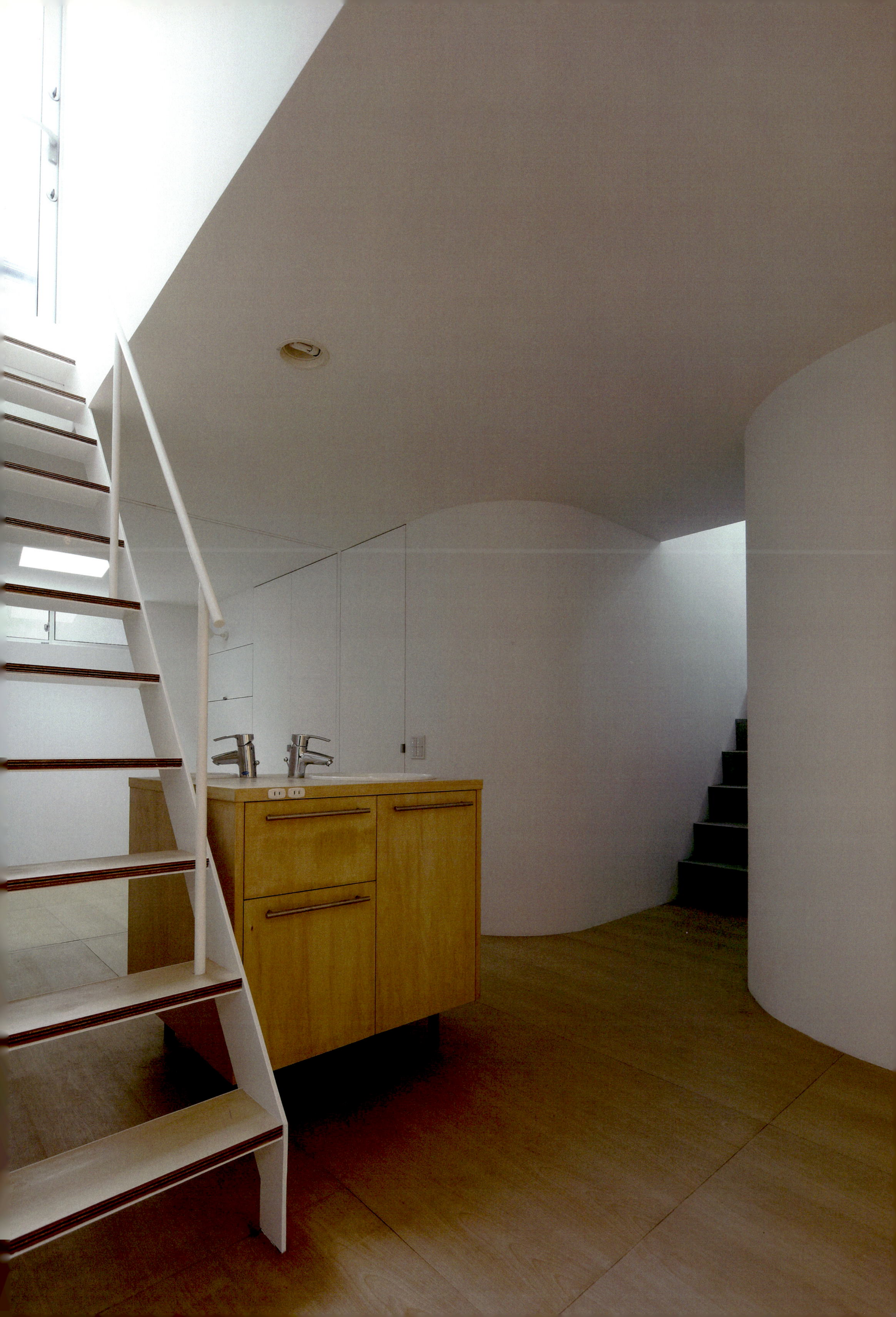

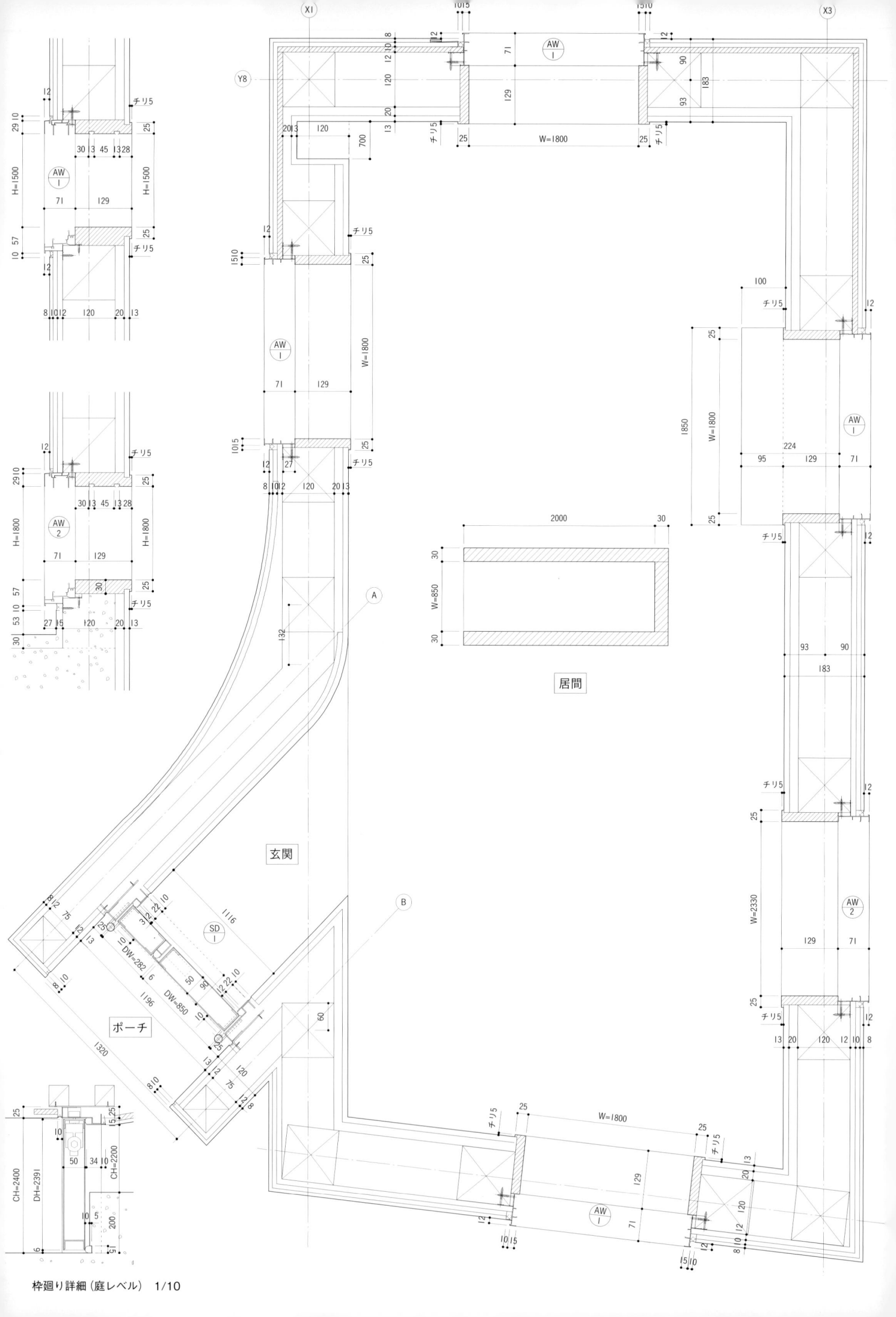

居間

玄関

ポーチ

枠廻り詳細（庭レベル） 1/10

枠廻り詳細（道路レベル） 1/10

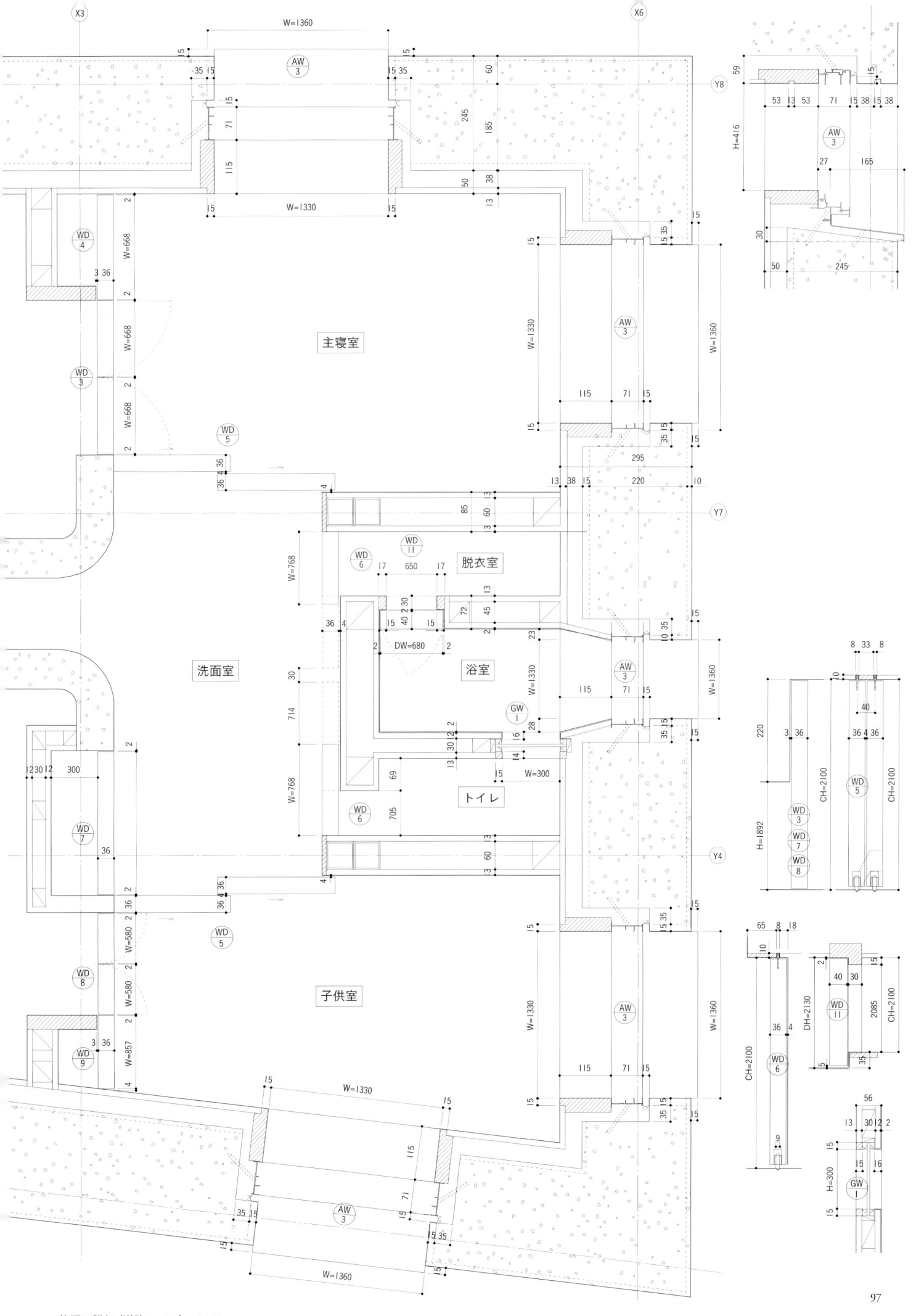

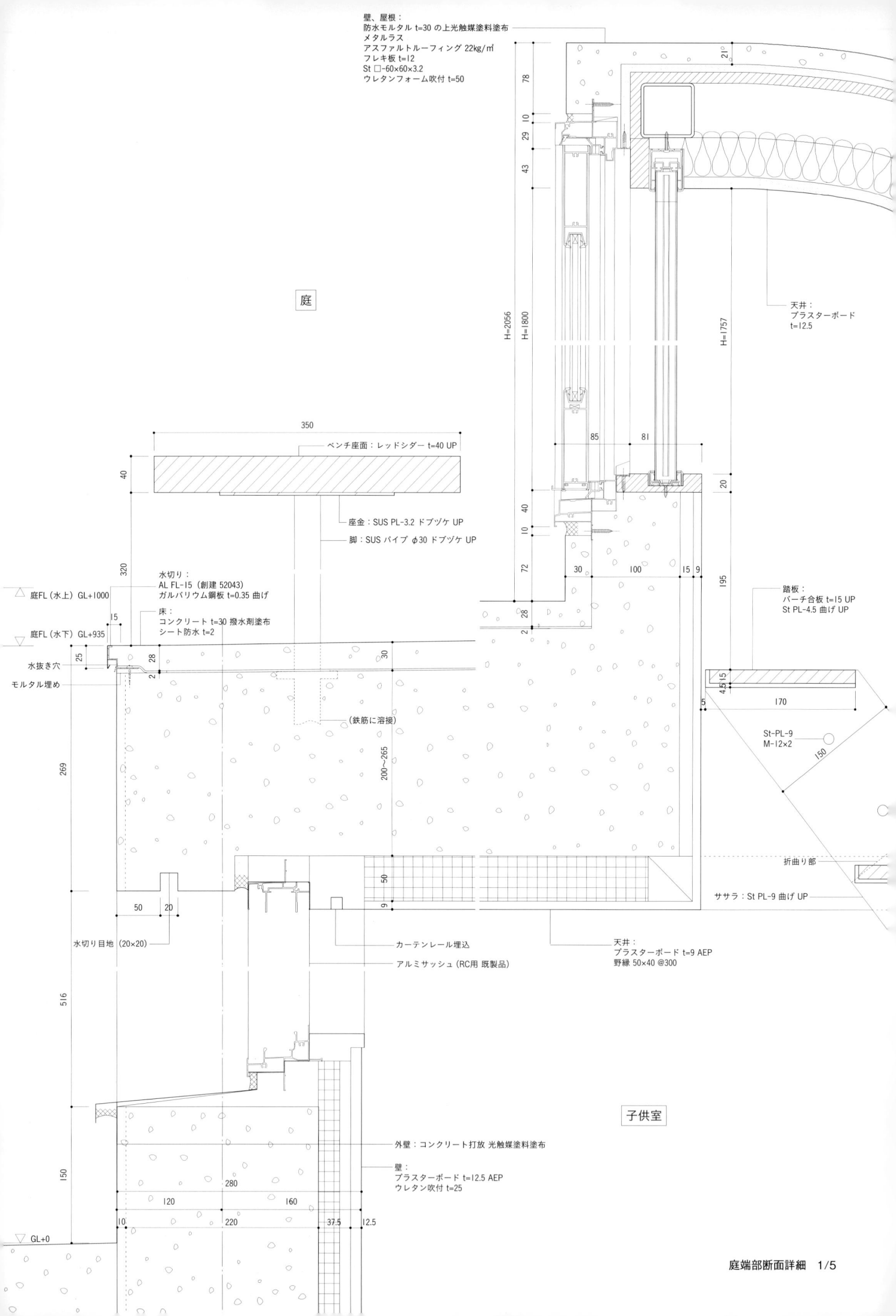

壁、屋根：
防水モルタル t=30 の上光触媒塗料塗布
メタルラス
アスファルトルーフィング 22kg/㎡
フレキ板 t=12
St □-60×60×3.2
ウレタンフォーム吹付 t=50

庭

天井：
プラスターボード
t=12.5

ベンチ座面：レッドシダー t=40 UP

座金：SUS PL-3.2 ドブヅケ UP
脚：SUS パイプ φ30 ドブヅケ UP

水切り：
AL FL-15（創建 52043）
ガルバリウム鋼板 t=0.35 曲げ

床：
コンクリート t=30 撥水剤塗布
シート防水 t=2

庭FL（水上）GL+1000
庭FL（水下）GL+935

水抜き穴
モルタル埋め

（鉄筋に溶接）

踏板：
バーチ合板 t=15 UP
St PL-4.5 曲げ UP

St-PL-9
M-12×2

折曲り部

ササラ：St PL-9 曲げ UP

水切り目地（20×20）

カーテンレール埋込

アルミサッシ（RC用 既製品）

天井：
プラスターボード t=9 AEP
野縁 50×40 @300

子供室

外壁：コンクリート打放 光触媒塗料塗布

壁：
プラスターボード t=12.5 AEP
ウレタン吹付 t=25

GL+0

庭端部断面詳細　1/5

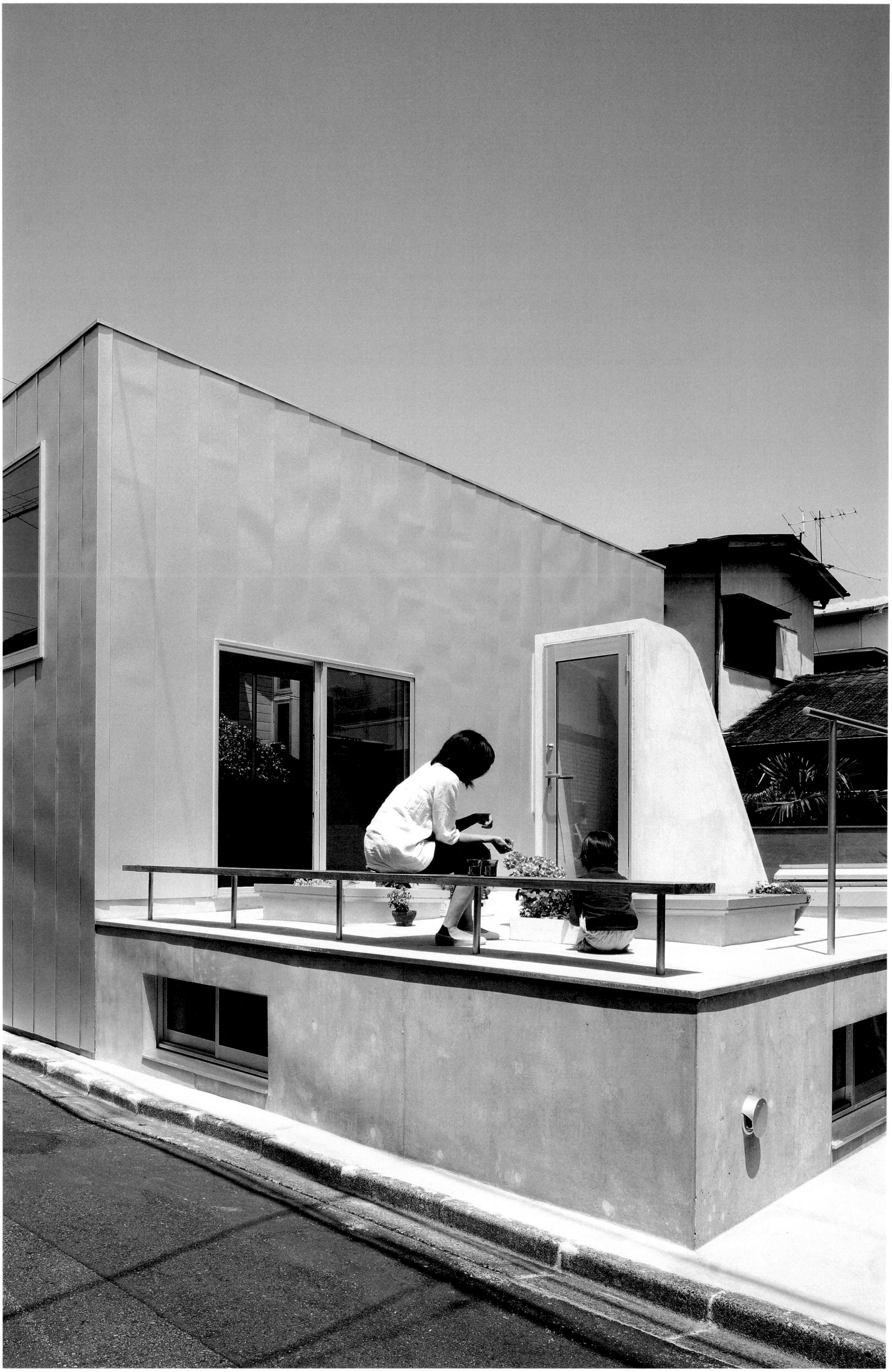

形式と「空間の存在感」をめぐって

[鼎談]
福島加津也＋冨永祥子×長谷川豪

モダニズムの形式を現代に解放する

長谷川 「e-HOUSE」（58頁）から「柱と床」（68頁）に至る変遷というか、飛躍は興味深いですね。

福島 「e-HOUSE」は、通常の壁とエキスパンドメタル、ポリエステルのメッシュという透明度の違う素材を重ね合わせて、実空間の厚みはあまりないけれど、イメージとしての奥行きがあるような空間です。

　お施主さんのリクエストを建築家が決めたハコの中にぎゅうぎゅう押し込めていくのではなくて、ちょっと飛び出していたり、多少破綻していてもいい。計画学的におかしなところがあっても、それをプラスにとらえて、破綻したままひとつの住宅として成立させられないだろうかと思っていました。

長谷川 作品を通じて、福島さんたちの興味が変わってきたことはありますか？

福島 確かに「e-HOUSE」の興味は空間にありました。それが次の「s-HOUSE」になると、家具と間仕切りの中間のような「もの」が出てくる。そして「柱と床」では、むしろ「もの」のほうに軸足が移り始める。空間ではなく、「もの」をきっかけに住宅や生活ということを考えたい、と思っていました。

　だから、僕たちの中では「e-HOUSE」「s-HOUSE」「柱と床」は実はつながっているという意識が半分。指摘されたもう半分の飛躍は、建築家として危機意識があったからかもしれない。最初の2つの住宅は「自分たちにしかできないことをしたい」という気持ちから、オリジナルな世界観を確立し、建築界から「何をやってるの？」と言われるくらいの建築をつくったつもりだったのですが、あっさりと表層的に評価されてしまった。

　結局、自分自身のオリジナリティに絶望したわけです。自分だけ、とうぬぼれていたことが実は誰かとほとんど同じで、簡単に理解可能なことをしてしまっているのかもしれないと。オリジナリティを鍛えるには、やはり歴史や形式をしっかりと踏まえたうえで、強く作品に投入しなければいけないと遅まきながら気がついた。これが「柱と床」をつくる前に考えていたことです。

長谷川 「e-HOUSE」と「s-HOUSE」は強く連続していると思いますが、「柱と床」は同じ設計

s-HOUSE

者とは思えないくらいに大きなジャンプを感じます。

福島 僕たちは作品数がとても少なく、2人の建築家が6年で4作品しかつくっていません。2004年に「中国木材」、2006年に「e-HOUSE」と「s-HOUSE」ができて、2008年に「柱と床」。

　こんなに作品数が少なく、次の仕事まで時間もあれば考えも変わるだろうと(笑)。もっと言えば考えていることとできた作品がずれていてもいいし、むしろそれをプラスにとらえたいと思っています。

長谷川 僕は「柱と床」が一番共感できます。「e-HOUSE」と「s-HOUSE」は、空間が施主のものになっていて、福島さんたちがそれに合わせているような感じで、そこが少し窮屈に感じました。でも「柱と床」になると、ちょっと得体の知れない、施主のものでも建築家のものでもないような空間が生まれている気がします。あの1階の土間の空間のあり方には、最近の福島さんたちの興味が投影されているように思うのですが。

福島 最近さかんに耳にするダイアグラムであるとか、もう少しいじわるな言い方をすると分かりやすいキーワードのようなもの、それがいいかどうかはおいておくとして、それらと僕たちとの違いは、やはり歴史に対する姿勢、特にモダニズムに関する理解だと思っています。

　建築家のみんなに悪者にされているモダニズムって、そんなに悪いの？　というのが今の正直な気持ち。僕たちは、グリッドシステムというモダニズムの形式を歴史から引きずり出して、その忘れ去られたいい部分を現代に解放しようとしました。

　長谷川さんならモダニズムの形式を直接的には引用しないでしょう？

長谷川 うーん、僕はこれをモダニズムの引用だとは思いませんでした(笑)。むしろ「柱と床」の無骨さからは、モダニズムとかグリッドシステムよりも、たとえば古代の掘立柱(ほったてばしら)のような印象を受けました。僕には「e-HOUSE」のスクリーンが少し気になるんですね。インテリアの趣向性が強いこともあって、スクリーンがこの住宅をナイーブなものに見せている。でも「柱と床」では、そういうナイーブな手続きを突き放しているどころか、とてもドライにつくっていますよね。

福島 「柱と床」を古代の掘立柱のように思ってもらえたことはとてもうれしいです。あのときは形式性と趣味性を同時並行に考えていたような気がします。3階は最終的に白い箱になりましたが、もともとはかなりデコラティブな空間にしようと考えていました。

長谷川 「柱と床」の土間には、空間に生きる余地を感じたんですよ。

福島 ただ、建築家である僕たちにしてみれば、「余地がある」と言われてしまうと、途中で手放していると言われているように思ってしまう。2人で考えられるぎりぎりのところまで

「e-HOUSE」と「s-HOUSE」をつくり込んだからこそ、「柱と床」で手を放すことができたのかもしれない。難しいところですね。

都市と地続きのインテリア

冨永 長谷川さんの建築を拝見したときに、「森のなかの住宅」（80頁）の小屋裏の空間だけは、説明し難い空間だと思いました。一部は階段で上がれるけれど、実際には入れない。あの説明し難さが魅力になっています。

長谷川 小屋裏って歴史的に見ても魅力的な空間で、不思議な奥行きがありますよね。これに限らずほかのプロジェクトでも、自分のものだけれど誰のものでもないような空間に興味があります。それは、たとえば「狛江の住宅」（90頁）の庭にデッキを敷いたりしないことにも関係しています。その空間が誰に向けられているか、そのバランスには結構気をつかいます。

福島 そういう意味では、「森のなかの住宅」はいい意味での消化不良、つまり心に残る感じがしました。そんなに広い家ではないのに入れ子の手法を取って、周りに自然があるにもかかわらず、わざわざ1回閉じて、さらに閉じている。だけど、単純に外に開くよりもずっと豊かな空間がそこには生まれている。

それが最近はだんだん素直な建築になってきている印象があります。「狛江の住宅」ではそういう消化不良みたいなものが弱まってきて、気持ちよさみたいなものだけで建築をつくろうとしている。

長谷川 素直につくるようになったということはあるかもしれないですね。

初めて「森のなかの住宅」の敷地を見に行ったときに、とても自然豊かな場所で、これ以上にない敷地だと思いました。でも、処女作になるという力みもあったからか、「敷地がいいからこの住宅はいいんだな」と言われたくないと思った（笑）。単に森に開くというのは違うな、と。セキュリティへの配慮もありましたけど、今考えると少しひねくれていたところがあると思います。逆に言うと、外部環境がとても豊かだったからこそ、内部と外部の関係をどうつくるかに集中できたわけですが。

あと、あの住宅に関しては、僕が考えていたことと見てくれた人の反応にあまりブレがなかった。評価もしてもらえたし当初は達成感もあったのですが、もう少し違うやり方をしてみようと思いました。

五反田の住宅

　それで「五反田の住宅」のときには敷地が小さかったこともあって、できるだけ建物の中だけで考えないようにしようと思いました。建物の中に異空間をつくるのではなく、建物の外側の空間をつくるというか、意識としては積極的に敷地境界や建物の輪郭を超えていくように、空間をどこまでも外側に引き延ばしていけないかと思ったんですね。

　僕は都市の中の身体にとても興味があります。都市によって身体感覚が変わるところが面白いんじゃないかと思っていて、たとえばヨーロッパに行って一番感じるのは、パリなどの強い都市構造は、都市とインテリアをかなりはっきり分けているということ。それに比べると東京の都市とインテリアの境界はかなり流動的で、建築の中に入ったからといって必ずしもパッとインテリアに切り替わるわけじゃない。経験としては都市とインテリアがもっと地続きだと思うんですね。建築がそういうことにちゃんと応えられないか。街を歩いていることと、食事やお風呂に入ることを地続きにつくれないか、ということを考えるようになりました。

　言い換えると、僕は住宅をつくることで、都市に形を与えることと生活に形を与えることをできるだけ一致させたい。特に「五反田の住宅」と「狛江の住宅」を通して、その傾向が強くなってきました。

「作為を消す」という方法論

福島　今、長谷川さんが説明してくれたことは、1つひとつ腑に落ちるし、もちろん共感するところもある。けれども、話している言葉が、あまりにほかの建築家と近いような気がしてしまう。
　それは、先輩たちからの影響なのかもしれないけれど、日常的なちょっとした気づきを積み重ねる、突出することを避ける、そして、嫌らしくなくレベルの高いものができていく。

冨永　先日、坂本一成さんの「水無瀬の町家」とその別棟を拝見したんです。「水無瀬の町家」のほうは荒々しいコンクリート打放しにペンキが塗ってあって、すごくモノ感が強い。それに対して別棟のほうは、坂本さんが「可能な限り形式を消したい」と言うように、何もしていないようにデザインするという、矛盾することをなさっている。形式やデザインした痕跡を消していくということは面白くもあったんですけど、同時に引っ掛かったところでもあったんです。
　今の建築界を見渡すと、作為を出さない、という考え方は主流になっているように思えます。

福島　もはや建築界を席巻していると言っていいんじゃないかな。
　かつて建築界に篠原一男さんの影響が広く伝染したと思うんです。そして、篠原スクールの中

で、坂本さんがその影響力に対するワクチンをつくろうとした。モダニズムが持っていたＡとＢの２項対立的な緊張感を目指す人たちが多い中で、坂本さんは、２つの関係性における曖昧な緊張感を実現しようとしていた。確かにそれはとても有効なワクチンだった。でも、そうしたら今度はそのワクチンの影響が伝染してしまった。

　ただ、僕が思うに、長谷川さんはその両方を兼ね備えているかもしれない、不思議なタイプですよね。

長谷川　そう言われてみると、空間に強い個性があるんだけれども、それを象徴化させるのではなく、受け入れられるようなものにしたいと思っているところはあります。強いものを強く見せないどころか、ほとんど気づかないような存在にしたい。だから篠原さんとも坂本さんとも違うなと思っていますけどね。

福島　僕はひねくれているからだと思うんですが、今の日本の建築家には作為をなくす、形式を消す、という意識の人が多過ぎる気がしている。長谷川さんの「森のなかの住宅」を見たときに、そうじゃないと主張する人が現れたのかと思ったけれど、だんだんと主流のほうにシフトしている、というのが僕の印象。

　作為はあると言うけれど、語り口としては無印良品のような。でも、無印良品って最も強い印だという気がする。むしろ、作為のほうをもっと語っていったほうがいいんじゃないかな？

長谷川　福島さんは作為にとてもこだわっていますけど、作為を示すことってそんなに重要でしょうか？　ものをつくるわけですからもちろん僕にも作為はありますけど、作為や方法に目がいくような仕事には、僕は物足りなさを感じるんですね。僕としては形式も作為も消すつもりはないのですが、そこだけが注目されるのはちょっと違う気がする。それによってどういう現実をつくれるか、ということのほうがよっぽど切実だと思うんです。

　あと、誰から影響を受けているとか、何が主流だとか、そんなことはあまり重要じゃないと思うんです。僕もほかの建築家との差異を気にしないわけではないですが、それ以上に、競う相手が建築家だけだったらつまらないと思います。建築家の仕事だろうが、神社仏閣だろうが、あらゆる建物と競い合っていたい。逆説的にそれは世界とのつながりを意識してつくることだとも言えますが、ものをつくるときに、ほかとどれくらい違うかよりも、どれくらい同じかを強く意識したい。そのほうがよっぽどハードルが高いし、そこは僕が注意したいと思っているところです。

福島　僕は、現代の住宅を不特定多数のどんな人にも受け入れられるようにすることや、自然体を気取ることがそんなに価値のあることとは思わない。

長谷川さんはむしろ消化してほしいと思っているの？

長谷川　誰にでも受け入れられるようにすることが目的ではないです。空間の強さが、単に誰かをびっくりさせたり、感動させて終わるのではなくて、持続的に現実を明るくしていくようなものにしたい。そのあたりは、なかなか難しいのですが。

建築と空間の価値を問い直す

福島　僕には、伊東豊雄さんや坂本一成さんたちに強くパンチを繰り出すくらいの気持ちでいないと、飲み込まれてしまうという恐怖感があるんですよ。少なくとも長谷川さんほどには自由でいられない（笑）。

長谷川　パンチ力があると思って僕自身はやっているんですが（笑）。ただ、パンチ力は求めるけど、そこでは競わないようにしているところがあるかもしれない。矛盾していますが。

　青木淳さんが「五反田の住宅」を見に来てくださったときに「なじんでないけれど、とてもなじんでいるね」とおっしゃっていました。目立ちたいのか、目立ちたくないのか、すごく不思議なバランスでやっていると。そう言われるまであまり意識していなかったんですけど、周りよりも目立つか、なじませるかという2項対立ではなく、新しいか、新しくないかでもなく、とにかくその場所にふさわしい空間の存在感みたいなものがあると思うんですね。そういう、内部にも外部にも、とてもネセサリーな空間の存在の仕方というものがあると思っていて、それを今、探しています。

福島　すっと消化されちゃうもの、ずっと胃もたれするもの、いろんな消化のされ方があるわけです。その消化の形を問うべきだろうという話にはとても共感できる。

　「森のなかの住宅」の形式性を戦略化していくことに長谷川さんは違和感を感じているのかもしれないけれど、僕はその方向性もある気がしています。つまり個人性や形式性をとことん突き詰めることで、その違和感を突破していく。

　内容をしっかり検証することなく、過去に対して常に否定的な態度を取り続けることが、日本の建築にモダニズムがもたらした最も悪い病だろう、ということにはみんな気がつき始めている。新しい、次の、若い、というような20世紀の広告的な価値とは違った視点から建築をつくってみたいです。

設計データ

House before House （6-15頁）

所在地	栃木県宇都宮市
主要用途	住宅
建築設計	藤本壮介建築設計事務所　担当＝藤本壮介、山野井靖
構造設計	佐藤淳構造設計事務所　担当＝佐藤淳、小山直丈
設備設計	環境エンジニアリング　担当＝和田隆文
施工	トヨタウッドユーホーム　担当＝齋藤宰
構造	鉄骨造
規模	地上3階　軒高6,350mm　最高高さ6,350mm
敷地面積	163.43㎡
建築面積	59.48㎡
延床面積	61.31㎡
建蔽率	36.39%（許容60%）
容積率	37.51%（許容200%）
敷地条件	第1種住居地域、法22条区域
設計期間	2007年4月～2008年6月
工事期間	2008年6月～2008年11月
外部仕上	屋根・外壁：スチールプレート t=3.2 塗膜防水 開口部：FIXガラス、スチールサッシ（製作）塗膜防水、木製サッシ 外構：錆砂利
内部仕上	［リビング］ 床：パインフローリング t=20 オスモウッドワックス 壁・天井：スチールプレート t=3.2 塗膜防水 ［主寝室］ 床：パインフローリング t=20 オスモウッドワックス 壁：プラスターボード t=12.5 EP 天井：プラスターボード t=9.5 EP ［バスルーム］ 床：モルタル金ゴテ押え t=30 FRP 壁・天井：耐水合板 t=9.5、フレキシブルボード t=4 AEG
空調設備	冷暖房方式：空冷ヒートポンプ方式 換気方式：第3種換気
衛生設備	給水：上水道直結 給湯：ガス瞬間方式 排水：下水道放流
主な使用機器	ガス発電・給湯暖房システム：GEH-0106ARS-K、GCT-C06ARS-AWQ コンロ：HR-P863B-DXABHL（R） 浴室暖房乾燥機：FBD-4180AUSK-M 温水床暖房：FM-12EXBK、FM-12DXBK 冷暖房放熱機：DC-2503AUS-AT 暖房専用熱源機：IS-1206LRSW6 エアコン室外機：DCS-6303A2-IK （以上、すべて東京ガス）

House N （16-25頁）

所在地	大分県
主要用途	専用住宅
建築設計	藤本壮介建築設計事務所　担当＝藤本壮介、野桐友美子
構造設計	佐藤淳構造設計事務所　担当＝佐藤淳、三原悠子
施工	佐伯建設　担当＝田原由和
構造	鉄筋コンクリート造
規模	地上1階　軒高7,540mm　最高高さ7,540mm
敷地面積	236.57㎡
建築面積	150.57㎡
延床面積	85.51㎡
建蔽率	63.64%（許容70%）
容積率	36.14%（許容200%）
敷地条件	第1種住居地域
設計期間	2006年10月～2007年3月
工事期間	2007年9月～2008年6月
外部仕上	屋根：シート防水 外壁：アクリルリシン吹付
	開口部：FIXガラス、特注木製サッシ（製作） 外構：玉砂利
内部仕上	［リビング・ダイニング・寝室・和室］ 床：パインフローリング、畳 壁・天井：アクリルリシン吹付 ［キッチン］ 床：CFシート 壁：アクリルリシン吹付 天井：フロートガラス t=15
空調設備	冷暖房方式：壁掛エアコン方式 換気方式：第3種換気
衛生設備	給水：上水道直結 給湯：ヒートポンプ方式 排水：下水道放流
主な使用機器	IHクッキングヒーター：LES43EB1K 浴槽：FYS1440LJF（TOTO） 混合水栓：TLC31（TOTO） 洗面器：L548U（TOTO） 便器：CES9683J（TOTO）

カタガラスの家 （28-37頁）

所在地	東京都
主要用途	事務所併用住宅
建築設計	TNA　担当＝武井誠、鍋島千恵
構造設計	満田衛資構造計画研究所　担当＝満田衛資、柳室純、魚谷みわ子
施工	まつもとコーポレーション東京支店　担当＝東郷貴一
構造	鉄筋コンクリート造
規模	地上3階　軒高10,730mm　最高高さ10,850mm
敷地面積	97.75㎡
建築面積	50.38㎡
延床面積	151.14㎡
建蔽率	51.54%（許容60%）
容積率	154.62%（許容300%）
敷地条件	準工業地域、準防火地域、第3種高度地区、特別工業地区
設計期間	2006年12月～2007年11月
工事期間	2007年12月～2008年8月
外部仕上	屋根：断熱シート防水 外壁：ペアガラス（型ガラス t=4+ 空気層 t=12+ 網入り型ガラス t=6.8） 開口部：アルミサッシ
内部仕上	［1階・子供室］ 床：コンクリートの上モルタル金ゴテ仕上 ウレタン塗装 壁：コンクリート打放 ポリカーボネート乳半 t=10 天井：コンクリート打放 ［2・3階］ 床：オーク無垢フローリング t=12 壁：コンクリート打放 ポリカーボネート乳半 t=10 天井：コンクリート打放 ［和室］ 床：縁なし畳 t=30 壁：コンクリート打放 ポリカーボネート乳半 t=10 天井：コンクリート打放 ［洗面室・浴室］ 床：FRP防水 壁：コンクリート打放 撥水剤塗布 一部FRP防水 天井：コンクリート打放 撥水剤塗布
空調設備	冷暖房方式：空冷ヒートポンプパッケージ方式、電気式床暖房 換気方式：局所機械換気、自然換気
衛生設備	給水：上水道直結 給湯：個別ガス給湯方式 排水：合流式下水道放流
主な使用機器	衛生機器：INAX、Tform 空調機器：ダイキン 照明機器：ダイア蛍光

方（ほう）の家 （38-47頁）

所在地	長野県北佐久郡軽井沢町
主要用途	週末住宅
建築設計	TNA　担当＝武井誠、鍋島千恵、池田聖太
構造設計	鈴木啓／ASA　担当＝佐久間真美
施工	新津組　担当＝井出有朋、遠山直樹
構造	鉄骨造
規模	地上1階　軒高5,825mm　最高高さ7,075mm
敷地面積	1,328.21㎡
建築面積	104.04㎡
延床面積	83.36㎡
建蔽率	7.83%（許容20%）
容積率	6.27%（許容20%）
敷地条件	都市計画区域
設計期間	2008年7月～2009年1月
工事期間	2009年2月～7月
外部仕上	屋根：ガルバリウムカラー鋼板（しろがね色）t=0.35 W=200 長尺一文字葺 外壁（軒裏）：ジョイントVの上VP 開口部：木製吊り引戸（造作）、枠＝ベイヒバの上防腐塗料拭取 外構（アプローチ階段）：枕木＋ウッドチップ敷
内部仕上	［居室］ 床：オーク無垢フローリング t=19 W=120 UV塗布 柱：鋼管75角 t=45 の上ケツロナイン塗布 壁：プラスターボード t=9 寒冷紗パテしごきの上AEP ［浴室］ 床：FRP防水指定色 壁：強化ガラス t=10 天井：珪酸カルシウム板 t=10 の上VP
空調設備	冷暖房方式：薪ストーブ、電気式床暖房 換気方式：局所機械換気、自然換気
衛生設備	給水：上水道直結 給湯：ガス給湯器 排水：合併浄化槽＋敷地内浸透処理
主な使用機器	ダイニングペンダント照明：TNAオリジナル製作 給湯器：GT-C2432ARX-BL（ノーリツ） IHクッキングヒーター：KM5948（Miele） 水栓：VL.KV1CDR-16-M（CERA） シャワー：AGN73-1736+1703+1738T（Tform） バスタブ：FLN-6302（Tform）

e-HOUSE （58-67頁）

所在地	東京都世田谷区
主要用途	専用住宅
建築設計	福島加津也＋冨永祥子建築設計事務所　担当＝福島加津也
構造設計	多田脩二構造設計事務所　担当＝多田脩二
施工	スリーエフ　担当＝小池純司、近藤忠義
構造	鉄骨造
規模	地上3階　軒高6,609mm　最高高さ6,609mm
敷地面積	111.93㎡
建築面積	62.25㎡
延床面積	100.80㎡
建蔽率	55.62%（許容70%）
容積率	90.01%（許容160%）
敷地条件	第1種住居地域
設計期間	2005年2月～9月
工事期間	2005年11月～2006年4月
外部仕上	屋根：カラーガルバリウム鋼板 外壁：繊維混入セメント板 撥水材塗布 開口部：木製サッシ、アルミサッシ フェンス：スチールエキスパンドメタル 錆風塗装
内部仕上	［スタジオ・ダイニング］ 床：モルタル金ゴテ均し 浸透型コンクリート表面強化材塗布 壁：プラスターボード AEP

天井	プラスターボード AEP

[バスフロア]
床：FRP 防水
壁：ボーダータイル
天井：ケイカル板 VP
[ベッドフロア]
床：コンクリート金ゴテ均し 防塵塗装
壁：プラスターボード AEP
天井：プラスターボード AEP
[ゲストフロア]
床：人工芝、デッキ材
壁・天井：アクリル樹脂左官材

空調設備	冷暖房方式：ガス温水式床暖房、エアコン
	換気方式：換気扇
衛生設備	給水：上水道直結
	給湯：ガス給湯器
	排水：下水道放流
主な使用機器	衛生機器：INAX、ジャクソン、CERA TRADING
	厨房機器：AEG、グローエジャパン
	照明：ヤマギワ、松下電工

柱と床 (68-77頁)

所在地	東京都
主要用途	専用住宅
建築設計	福島加津也＋冨永祥子建築設計事務所　担当＝福島加津也、冨永祥子
構造設計	多田脩二構造設計事務所　担当＝多田脩二
施工	前川建設　担当＝前川政一
構造	鉄筋コンクリートラーメン構造、一部木造
規模	地上 3 階　軒高 8,300mm　最高高さ 8,400mm
敷地面積	76.72㎡
建築面積	40.77㎡
延床面積	105.63㎡
建蔽率	53.14%（許容 60%）
容積率	137.68%（許容 160%）
敷地条件	第 1 種中高層住居専用地域、準防火地域 45m、第 2 種高度地区
設計期間	2007 年 3 月〜10 月
工事期間	2007 年 11 月〜2008 年 4 月
外部仕上	屋根：ガルバリウム鋼板
	外壁：カラーガルバリウム鋼板
	開口部：木製サッシ、ステンレスサッシ、アルミサッシ
	外構：砕石敷
内部仕上	[土間]
	床：コンクリート木ゴテ均し
	壁：ラワン合板 t=4 素地
	天井：コンクリート打放（打放型枠）
	[室・寝室]
	床：コンクリート金ゴテ均し コンクリートワックス塗布
	壁：ラワン合板 t=4 素地
	天井：コンクリート打放（打放型枠）
	[浴室]
	床・壁：FRP 防水
	天井：ケイカル板 t=6 VP
	[食堂]
	床：寄木張フローリング t=15
	壁：プラスターボード t=15 AEP
	天井：プラスターボード t=12.5 AEP
空調設備	冷暖房方式：ガス温水式床暖房、エアコン
	換気方式：換気扇
衛生設備	給水：上水道直結
	給湯：ガス給湯器
	排水：下水道放流
主な使用機器	衛生機器：INAX、TOTO、HANSGROHE
	厨房機器：ハーマン、Miele
	照明：松下電工、笠松電気

森のなかの住宅 (80-89頁)

所在地	長野県北佐久郡軽井沢町
主要用途	専用住宅
建築設計	長谷川豪建築設計事務所　担当＝長谷川豪
構造設計	金箱構造設計事務所　担当＝金箱温春、坂田涼太郎
施工	木内工務店　担当＝木内晋治、酒井高男
構造	木造
規模	地上 1 階　軒高 2,265mm　最高高さ 6,148mm
敷地面積	1,049.99㎡
建築面積	85.59㎡
延床面積	89.75㎡
建蔽率	8.20%（許容 20%）
容積率	8.55%（許容 20%）
敷地条件	第 1 種低層住居専用地域、国立公園特別地域
設計期間	2005 年 1 月〜8 月
工事期間	2005 年 9 月〜2006 年 1 月
外部仕上	屋根・外壁：ガルバリウム鋼板 t=0.4 小波葺
	開口部：木サッシ
内部仕上	[玄関・客室]
	床：コルクタイル t=3 ウレタン塗装
	壁・天井：ラワン合板 t=9 オイルステイン塗装
	[台所・縁側]
	床：床暖房対応メープルフローリング t=12
	壁：ラワン合板 t=9 オイルステイン塗装
	天井：ラワン合板 t=9 オイルステイン塗装 一部透明合せガラス t=6
	[居間]
	床：床暖房対応メープルフローリング t=12
	壁：ラワン合板 t=9 の上メープル突板張
	天井：アクリル t=3 メープル突板張加工品
	[寝室]
	床：コルクタイル t=3 ウレタン塗装
	壁：プラスターボード t=9 ウレタン塗装
	天井：アクリル t=3 和紙貼加工品
	[浴室]
	床・壁：FRP 防水トップコート
	天井：FRP 防水トップコート 一部透明合せガラス t=6
空調設備	冷暖房方式：温水式床暖房、ファンコンベクター
	換気方式：第 3 種換気
衛生設備	給水：上水道直結
	給湯：灯油焚きボイラー方式
	排水：合併式浄化槽
主な使用機器	厨房設備：ガスコンロ＝PD-D631SWHAV-1R（パロマ）、換気扇（シェード）＝VD20ZP6（三菱電機）
	空調機器：RH-5501RN-BL（ノーリツ）
	照明：ASE-940194（KOIZUMI）、EB-1942W（ENDO）
	建築金物：シンク水栓金物＝FB331（喜多村製作所）、洗面水栓金物＝FB612（喜多村製作所）、シャワー水栓金物＝TMJ40C3LRZ（TOTO）

狛江の住宅 (90-99頁)

所在地	東京都狛江市
主要用途	専用住宅
建築設計	長谷川豪建築設計事務所　担当＝長谷川豪、能作淳平　プロデュース：大島滋（A プロジェクト）
構造設計	金箱構造設計事務所　担当＝金箱温春、坂田涼太郎
施工	ミサワホーム東京　担当＝高嶋俊哉
	工藤工務店　担当＝工藤順一、加藤和治
構造	鉄筋コンクリート造、木造
規模	地下 1 階　地上 1 階　軒高 4,885mm　最高高さ 4,905mm
敷地面積	108.99㎡
建築面積	39.61㎡
延床面積	86.70㎡
建蔽率	36.34%（許容 50%）
容積率	79.55%（許容 80%）
敷地条件	第 1 種低層住居専用地域、法 22 条区域、第 1 種高度地区
設計期間	2007 年 3 月〜2008 年 7 月
工事期間	2008 年 8 月〜2009 年 2 月
外部仕上	屋根（木造部）：シート防水 t=2
	屋根（RC 部）：シート防水 t=2、コンクリート t=30 金ゴテ仕上 撥水剤塗布
	外壁（木造部）：ガルバリウム鋼板 t=0.35 ハゼ葺
	外壁（RC 部）：コンクリート打放 光触媒塗装
	開口部：アルミサッシ
	トップライト：アルミサッシ
	ミニキッチン：シンク＝L520 #N11（TOTO）、水栓＝T136 AS13（TOTO）
	ベンチ：座面＝レッドシダー t=30 CL、脚＝SUS パイプ φ=30
	外構：コンクリート t=150 金ゴテ仕上 撥水剤塗布
内部仕上	[居間]
	床：コンクリート t=70 金ゴテ仕上 撥水剤塗布
	壁：プラスターボード t=12.5 AEP
	天井：プラスターボード t=9 AEP
	[主寝室・洗面室・子供室]
	床：バーチ合板 t=12 UP
	壁：プラスターボード t=12.5 AEP
	天井：プラスターボード t=9 AEP
	[浴室]
	床・壁：FRP 防水 トップコート仕上
	天井：耐水合板 トップコート仕上
空調設備	冷暖房方式：温水床暖房、ルームエアコン
	換気方式：第 3 種換気
衛生設備	給水：上水道直結
	給湯：ガス給湯器
	排水：下水道放流
主な使用機器	厨房機器：ガスコンロ＝RS31WG7RSL（リンナイ）、換気扇（シェード）＝VD20ZP6（三菱電機）
	空調機器：MSZ-ZW718S・MSZ-J258（三菱電機）
	照明：MS1430-81（MAXRAY）、DSL-3010XW（DAIKO）、EB-2352M（遠藤照明）
	建築金物：シンク水栓金物＝CI730-410（中外交易）、3216800J（GROHE）、洗面水栓金物＝CEL-330-WH・CEL-300-WH（CERA）、32357001J（GROHE）、シャワー水栓金物＝3417710J・28793000（GROHE）

藤本壮介

略歴
藤本壮介（ふじもと そうすけ）
1971　北海道生まれ
1994　東京大学工学部建築学科卒業
2000　藤本壮介建築設計事務所設立
現在　京都大学、東京理科大学、昭和女子大学非常勤講師

主な作品
1999　聖台病院新病棟（北海道）
2003　伊達の援護寮（北海道）
2005　T house（群馬県）
2006　7/2 House（北海道）
　　　Diagonal Walls／登別のグループホーム（北海道）
　　　情緒障害児短期治療施設（北海道）
2007　House O（千葉県）
2008　final wooden house（熊本県）
　　　House N（大分県）
　　　House before House（栃木県）

主な受賞
2000　青森県立美術館設計競技 優秀賞
2003　安中環境アートフォーラム国際設計競技 最優秀賞
2004　JIA 新人賞（伊達の援護寮）
2005　AR AWARDS 2005 佳作（T House）
　　　AR AWARDS 2005 優秀賞（伊達の援護寮）
　　　くまもとアートポリス設計競技 2005：次世代モクバン 最優秀賞
2006　東京建築士会 住宅建築賞 金賞（T House）
　　　AR AWARDS 2006 優秀賞（7/2 House）
　　　AR AWARDS 2006 大賞（情緒障害児短期治療施設）
2007　KENNETH F. BROWN ARCHITECTURE DESIGN AWARD 入選
　　　AR AWARDS 2007 優秀賞（House O）
　　　Architectural Record "Design Vanguard"
2008　JIA 日本建築大賞（情緒障害児短期治療施設）

武井誠＋鍋島千恵

略歴
武井誠（たけい まこと）
1974　東京都生まれ
1997　東海大学工学部建築学科卒業
1997　東京工業大学大学院塚本由晴研究室研究生＋アトリエ・ワン（〜99）
1999　手塚建築研究所
2004　鍋島千恵とTNAを共同設立
現在　東海大学、武蔵野美術大学、東京理科大学、東北大学、東洋大学非常勤講師

鍋島千恵（なべしま ちえ）
1975　神奈川県生まれ
1998　日本大学生産工学部建築工学科卒業
1998　手塚建築研究所
2004　武井誠とTNAを共同設立
現在　法政大学非常勤講師

主な作品
2005　キバリの家（神奈川県）
　　　カラコンの家（神奈川県）
2006　輪の家（長野県）
2007　キブネのカフェ（神奈川県）
　　　モザイクの家（東京都）
　　　壇の家（長野県）
　　　シックイの家（山梨県）
2008　森のとなり（東京都）
　　　カタガラスの家（東京都）
　　　廊の家（長野県）
2009　方の家（長野県）

主な受賞
2006　INAX デザインコンテスト 銅賞（輪の家）
2007　東京建築士会 住宅建築賞（輪の家）
　　　Record Houses 2007 受賞（輪の家）
　　　DANTO TILE DESIGN CONTEST 入賞（モザイクの家）
　　　AR AWARD 2007 COMMENDED（輪の家）
2008　Wallpaper Design Awards 2008（輪の家）
　　　木質建築空間デザインコンテスト 優秀賞（輪の家）
　　　AR AWARD 2008 HONOURABLE MENTIONS（モザイクの家）
2009　DETAIL Prize 2009 - Special Prize Glass（輪の家）
　　　新建築賞（カタガラスの家）
　　　東京建築士会 住宅建築賞（カタガラスの家）
　　　INAX デザインコンテスト 入賞（方の家）

福島加津也+冨永祥子

略歴

福島加津也（ふくしま かつや）
- 1968　神奈川県生まれ
- 1990　武蔵工業大学工学部建築学科卒業
- 1993　東京藝術大学大学院美術研究科修了
- 1994　伊東豊雄建築設計事務所（〜 02）
- 2003　福島加津也＋冨永祥子建築設計事務所設立
- 現在　神奈川大学、東京理科大学、慶應義塾大学、早稲田大学、桑沢デザイン研究所非常勤講師

冨永祥子（とみなが ひろこ）
- 1967　福岡県生まれ
- 1990　東京藝術大学美術学部建築学科卒業
- 1992　東京藝術大学大学院美術研究科修了
- 1992　香山壽夫建築研究所（〜 02）
- 2003　福島加津也＋冨永祥子建築設計事務所設立
- 現在　日本大学大学院、国士舘大学、前橋工科大学、昭和女子大学、東京理科大学非常勤講師

主な作品
- 2004　c-OFFICE［中国木材 名古屋事業所］（愛知県）
- 2006　e-HOUSE（東京都）
　　　　s-HOUSE（東京都）
- 2008　柱と床（東京都）

主な受賞
- 2003　中国木材名古屋事業所公開設計競技 最優秀賞
- 2004　JIA 新人賞（c-OFFICE［中国木材 名古屋事業所］）
　　　　グッドデザイン賞（c-OFFICE［中国木材 名古屋事業所］）
　　　　木質建築空間デザインコンテスト 優秀賞（c-OFFICE［中国木材 名古屋事業所］）
- 2005　住宅セレクション Vol. 1 選定コンペティション 最優秀賞
　　　　中部建築賞 入賞（c-OFFICE［中国木材 名古屋事業所］）
　　　　木材活用コンクール 入賞
- 2006　American Wood Design Awards 最優秀賞（c-OFFICE［中国木材 名古屋事業所］）
　　　　JID 賞ビエンナーレ インテリアスペース賞（c-OFFICE［中国木材 名古屋事業所］）
　　　　日本建築学会作品選奨（c-OFFICE［中国木材 名古屋事業所］）
- 2007　座ってみたい北の創作椅子展 入選
　　　　DT DESIGN AWARDS 優秀賞
- 2009　東京建築士会 住宅建築賞 金賞（柱と床）

長谷川豪

略歴

長谷川豪（はせがわ ごう）
- 1977　埼玉県生まれ
- 2002　東京工業大学大学院修士課程修了
- 2002　西沢大良建築設計事務所（〜 04）
- 2005　長谷川豪建築設計事務所設立
- 現在　東京工業大学、法政大学、昭和女子大学非常勤講師

主な作品
- 2006　森のなかの住宅（長野県）
　　　　桜台の住宅（三重県）
　　　　五反田の住宅（東京都）
- 2009　狛江の住宅（東京都）

主な受賞
- 2005　SD レビュー 2005 鹿島賞（森のなかの住宅）
- 2007　「あたたかな住空間デザイン」コンペティション グランプリ（森のなかの住宅）
　　　　東京建築士会 住宅建築賞 金賞（森のなかの住宅）
　　　　INAX デザインコンテスト 金賞（桜台の住宅）
- 2008　新建築賞（桜台の住宅）

図面・図版提供

すべて各建築家提供

写真撮影・提供

以下に特記なきものはすべて、各建築家提供

畑拓（彰国社）　76-77
阿野太一　7、10-11、28-29、34-35、37-39、42-43、47、50右、53、91、94-95、99
坂口裕康　58-59、61
新建築社写真部　17、81、84-85、89
鳥村鋼一　66-69、71
Iwan Baan　20-21

現代住宅の「ディテール」

2010年9月10日　第1版　発　行

著　者　　藤本壮介・武井誠＋鍋島千恵・福島加津也＋冨永祥子・長谷川豪

発行者　　後　藤　　武

発行所　　株式会社　彰国社
　　　　　160-0002　東京都新宿区坂町25
　　　　　電話　03-3359-3231（大代表）
　　　　　振替口座　00160-2-173401

著作権者との協定により検印省略

自然科学書協会会員
工学書協会会員

Printed in Japan

© 藤本壮介・武井誠＋鍋島千恵・福島加津也＋冨永祥子・長谷川豪　2010年　　印刷：真興社　製本：誠幸堂

ISBN978-4-395-11128-2　C3052　　http://www.shokokusha.co.jp

本書の内容の一部あるいは全部を、無断で複写（コピー）、複製、および磁気または光記録媒体等への入力を禁止します。許諾については小社あてご照会ください。

本書は、2009年11月に「ディテール別冊」として刊行しましたが、このたび、単行本として新たに刊行しました。